# French
# Conversation

### 101 Everyday Dialogue to Improve Your Spoken French (*written by a French Guy*)

Raphaël Pesquet

# Table of Contents

# About the author

Hello, my name is Raphaël Pesquet! I was born, raised and live in France (*in a small town near Paris*). I started learning English as a second language when I was five years old, my mother encouraged me... and I absolutely loved it!

Today, I am bilingual in French and English and my passion is to teach French to people like you who want to discover the French language and culture.

Right now, I teach French online and have already helped over 250 people become fluent in French... and I don't plan to stop there! My goal is to help more than 100'000 people discover France (*its language and culture*). In this book, I will share with you all my tips and methods to help you speak French in everyday life.

We will see real everyday conversations between French people that are easy to understand. So you can be inspired by the questions and answers when you come to France or to a French speaking country to travel. So I hope you're motivated, because you're about to dive into French culture! Let's get started right away.

# Introduction

First of all, congratulations! Today, you have taken action and you have made a big step towards learning French. Indeed, many people say they would like to learn a new language or discover the French language... but few of them actually take action.

So for that, I really want to congratulate you. As you will see, I put a lot of effort, time and sweat (*and many cups of coffee*) into writing this book so that you can discover REAL French conversations.

In this book, you will discover 101 everyday conversations. And if you decide to travel to France, it is very likely that you will have these conversations with locals! In this new guide, we leave the theory behind and move straight to the practical.

The goal is for you to be able to communicate easily with the French. So of course, reading this guide once may not be enough. It's important to have reminders to help you learn. If I can give you a tip that works well with my students, it's to read a few conversations just before bed. This is because your brain retains and consolidates information when you sleep, so if you read right before bed, you will memorize a lot more.

This is a little basic advice, but if you read this book every night for 5 minutes? After a few months, you will easily be able to have daily conversations with French people. And you will easily be able to impress your friends and family by speaking French fluently.

**So here's how this book is done : first you have a conversation in French, then you'll have the English translation to help you understand better. It is important to read the conversation in French first to force your brain to look up words it knows and discover new words.**

But I want to warn you right away. Spoken French is very different from written French, just like English in fact. When we speak, we take shortcuts, use different pronouns and choose different words than when we write. So it's a little bit different but don't worry, if you have some basic knowledge of French, you'll still understand. And if you're a beginner, you'll learn a practical French that is commonly spoken.

In fact, I'd rather warn you, because I see a lot of books on French conversation... and that's NOT how we speak at all. In fact, I really feel like I'm seeing a bad translation.

Here, in this guide, all conversations are written by a native French guy (*me*) and inspired by conversations I have on a daily basis with my family, friends... or even in my favorite pizzeria ! So, you will discover real and true conversations happening every day in France.

Moreover, this guide will be perfect for you if you are afraid of not being able to have a conversation in French. Perhaps you already have a good knowledge of French and want to get to the heart of the matter ? Or maybe you're just starting to learn French and want to learn only the most important things ? In either case, this book is for you.

I recommend that you read the French conversation aloud several times. By reading aloud, you force your brain to focus on the text, and you don't think about anything else like you might when you are reading.

In addition, studies have shown that repeating aloud can improve learning. In addition, reading aloud is also a great opportunity to improve your French accent and project yourself into a real conversation with a local. So get comfortable in a quiet room, and get ready to speak the language of Molière !

So, just before I introduce you to the first conversation, I'd like to share another little tip used by my best students : if you have the time, it can be a good idea to rewrite the conversations in French.

You take a sheet of paper and a pen and copy the dialogues line by line into this book. This helps your brain remember the words, phrases and sentences.

Plus, it allows you to work on your spelling and grammar without too much effort. Copying by hand is not mandatory, but if you need to learn French quickly, I highly recommend it.

Now that I've said that, all that's left is for me to wish you an excellent immersion in the land of the baguette and the croissant !

# ~~$97.00~~ FREE BONUSES

## GRAB YOUR FREE BONUSES NOW

- 7 French Short Stories You'll Want to Read
- 14 Common Mistakes In French Made By Beginners
- 21 Daily French Conversations to Learn French
- BONUS : Your Step-By-Step French Study Plan

Scan the QR code to claim your **free** bonus
*Or*
masterfrenchnow.com/freebonus

# 1 : Acheter des vêtements

**Charles :** Bonjour, comment je peux vous aider ?

**Vanessa :** Bonjour, je cherche des vêtements pour mon fils. Il a 4 ans.

**Charles :** D'accord Madame. Quel genre de vêtements vous intéresse ?

**Vanessa :** Je veux trouver des pantalons, des chemises et des t-shirts.

**Charles :** Très bien, suivez-moi s'il vous plaît. Ici, on a un large choix de vêtements. J'espère que vous les aimerez.

**Vanessa :** Vous avez d'autres couleurs ? Noir, bleu marine ou bleu ciel ? Mon fils n'aime pas le jaune, ni l'orange.

**Charles :** Oui, donnez-moi une minute s'il vous plaît. Voici toutes les couleurs disponibles, y compris celles que vous avez mentionnées.

**Vanessa :** Oh... très bien, mais ces tailles sont un peu trop grandes. Vous avez des tailles plus petites ?

**Charles :** Non. Je m'excuse, mais ce sont les seules disponibles. Vous pourrez trouver les bonnes tailles sur notre site Internet.

**Vanessa :** Très bien, ce n'est pas un problème, merci quand même.

**Charles :** Passez une bonne journée madame.

# Buying clothes

**Charles :** Hello, how can I help you ?

**Vanessa :** Hi, I'm looking for clothes for my son. He is 4 years old.

**Charles :** Alright ! What kind of clothes are you looking for ?

**Vanessa :** I want to find some pants, shirts and t-shirts.

**Charles :** Okay, please follow me. We have a wide selection of clothes here. I hope you like them.

**Vanessa :** Do you have any other colors ? Black, navy or sky blue ? My son doesn't like yellow or orange.

**Charles :** Yes, give me a minute please. Here are all the colors available, including the ones you mentioned.

**Vanessa :** Oh... fine, but these sizes are a little too big. Do you have any smaller sizes ?

**Charles** : No. I apologize, but these are the only ones available. You can find the right sizes on our website.

**Vanessa** : Okay, that's not a problem, thanks anyway.

**Charles** : Have a nice day.

# 2 : Au restaurant

**Serveur :** Bonjour, comment allez-vous ?

**Valentine :** Je vais bien, merci.

**Serveur :** Voici votre table. Elle vous convient ?

**Valentine :** Oui, c'est parfait.

**Serveur :** Qu'est-ce que vous voulez boire ?

**Valentine :** Juste une carafe d'eau, s'il vous plaît.

**Serveur :** D'accord. Voici le menu. Je reviens tout de suite avec votre eau.

**Valentine :** Merci.

**Serveur :** Qu'est-ce qui vous ferait plaisir ?

**Valentine :** Je peux avoir la salade avec du poulet ?

**Serveur :** Bien sûr. Pour l'accompagnement vous préférez des frites ou des légumes ?

**Valentine :** Des frites, s'il vous plaît.

**Serveur :** Bon choix. Vous voulez autre chose ?

**Valentine :** Non, ce sera tout.

**Serveur :** Super !

*(Cinq minutes plus tard...)*

**Serveur :** Très bien, voici votre plat : salade, poulet et frites.

**Valentine :** Merci.

**Serveur :** Pas de problème. Faites-moi savoir si vous avez besoin d'autre chose.

*(Quinze minutes plus tard...)*

**Serveur :** Vous avez terminé ?

**Valentine :** Oui !

**Serveur :** Vous voulez voir la carte des desserts ?

**Valentine :** Non, merci. Juste l'addition, s'il vous plaît.

**Serveur :** Bien sûr. Voici l'addition.

**Valentine :** Merci !

# At the restaurant

**Waiter** : Hello, how are you ?

**Valentine** : I'm fine, thanks.

**Waiter** : Here is your table. Does it suit you ?

**Valentine** : Yes, it's fine.

**Waiter** : What would you like to drink ?

**Valentine** : Just a carafe of water, please.

**Waiter** : Okay. Here is the menu. I'll be right back with your water.

**Valentine** : Thank you.

**Waiter** : What would you like ?

**Valentine** : Can I have the salad with chicken ?

**Waiter** : Sure. For the side dish, would you prefer fries or vegetables ?

**Valentine** : Fries, please.

**Waiter** : Good choice. Do you want anything else ?

**Valentine** : No, that's it.

**Waiter** : Great !

*(Five minutes later...)*

**Waiter** : All right, here's your dish : salad, chicken and French fries.

**Valentine** : Thank you.

**Waiter** : No problem. Let me know if you need anything else.

*(Fifteen minutes later...)*

**Waiter** : Are you finished ?

**Valentine** : Yes !

**Waiter** : Would you like to see the dessert menu ?

**Valentine** : No, thank you. Just the bill, please.

**Waiter** : Sure. Here is the bill.

**Valentine** : Thank you !

# 3 : Je rencontre mon colocataire

**Marie :** Salut, Marc !

**Marc :** Salut Marie ! Comment tu vas ?

**Marie :** Je vais bien, mais je suis un peu stressée.

**Marc :** Pourquoi ?

**Marie :** Je dois trouver un nouveau colocataire. Tu ne connaîtrais pas quelqu'un qui aurait besoin d'un endroit pour vivre ?

**Marc :** Je vais demander à mon amie Eleanor. Elle veut vivre plus près de la ville. Je te le ferai savoir bientôt !

**Marie :** D'accord ! Merci beaucoup, Marc !

*(Trois jours plus tard...)*

**Marc :** Hé, Marie. Tu essaies toujours de trouver un colocataire ?

**Marie :** Oui !

**Marc :** J'ai parlé à Eleanor et elle a dit qu'elle était intéressée. Elle veut te parler et voir l'appartement.

**Marie** : C'est une excellente nouvelle ! Donne-lui mon numéro de téléphone.

**Marc :** Je le ferai. Il n'y a qu'un seul problème.

**Marie :** Quel est ce problème ?

**Marc :** Elle a un chat. Je sais que tu détestes les chats.

**Marie :** Son chat est gentil ?

**Marc :** Adorable !

**Marie :** Bon, d'accord. Je vais rencontrer Eleanor et son chat. Qui sait ? Peut-être que moi aussi je vais commencer à aimer les chats !

Quel est ce problème ?

# I meet my roommate

**Marie :** Hi, Marc !

**Marc :** Hi, Marie ! How are you ?

**Marie :** I'm fine, but I'm a little stressed.

**Marc :** Why ?

**Marie :** I need to find a new roommate. Do you know anyone who needs a place to live ?

**Marc :** I'll ask my friend Eleanor. She wants to live closer to the city. I'll let you know soon !

**Marie :** Okay ! Thanks a lot, Marc !

*(Three days later...)*

Marc : Hey, Marie. Are you still trying to find a roommate ?

**Marie :** Yes !

**Marc :** I talked to Eleanor and she said she's interested. She wants to talk to you and see the place.

**Marie :** That's great news ! Give her my phone number.

**Marc :** I will. There's only one problem.

**Marie :** What's that problem ?

**Marc :** She has a cat. I know you hate cats.

**Marie :** Is her cat nice ?

**Marc :** Adorable !

**Marie :** Okay, fine. I'll meet Eleanor and her cat. Who knows ? Maybe I'll start liking cats too !


# 4 : Tu viens d'où ?

**Marion :** Salut. Je m'appelle Marion.

**Michel :** Salut, Marion. Je m'appelle Michel. Enchanté de vous rencontrer.

**Marion :** Ravie de vous rencontrer également.

**Michel :** D'où vous venez ?

**Marion :** Je suis née en Angleterre. Et vous ?

**Michel :** Je suis né en France, en Bretagne.

**Marion :** Oh, la Bretagne ? J'ai vu des photos de la mer. C'est très beau là-bas.

**Michel :** C'est vrai ! Vous venez d'où en Angleterre ?

**Marion :** D'une petite ville appelée Leavesden. C'est à environ deux heures et demie de Londres.

**Michel :** Je vois. À quoi ressemble Leavesden ?

**Marion :** C'est une très jolie ville. On y trouve quelques pubs anglais traditionnels.

**Michel :** Ça a l'air génial. J'aimerais bien la voir un jour !

**Marion :** Tu devrais y aller ! À ton tour, parle-moi de ta ville.

**Michel :** Je viens de Saint-Malo, c'est une ville très connue.

**Marion :** Il y a beaucoup d'habitants ?

**Michel :** Seulement 45 000, mais il y a beaucoup de touristes en été.

**Marion :** J'espère pouvoir la visiter un jour !

# Where are you from ?

**Marion** : Hi. My name is Marion.

**Michael** : Hi, Marion. My name is Michel. Nice to meet you.

**Marion** : Nice to meet you too.

**Michel** : Where are you from ?

**Marion** : I was born in England. And you ?

**Michel** : I was born in France, in Bretagne.

**Marion** : Oh, Bretagne ? I saw pictures of the sea. It's very beautiful there.

**Michel** : It's true ! Where are you from in England ?

**Marion** : From a little town called Leavesden. It's about two and a half hours from London.

**Michel** : I see. What is Leavesden like ?

**Marion** : It's a very pretty town. It has some traditional English pubs.

**Michel** : It sounds great. I'd love to see it one day !

**Marion** : You should go there ! Now it's your turn to tell me about your city.

**Michel** : I'm from Saint-Malo, it's a very famous city.

**Marion** : How many people live there ?

**Michel** : Only 45,000, but there are lots of tourists in the summer.

**Marion** : I hope to visit it one day !

# 5 : Je fais un pique-nique

**Julie** : J'adore vivre dans le sud de la France. Les étés ici sont si agréables !

**Paul** : Je suis d'accord. Le temps est magnifique aujourd'hui.

**Julie** : J'ai envie de sortir aujourd'hui. Tu veux te joindre à moi ?

**Paul** : Bien sûr, qu'est-ce que tu veux faire ?

**Julie** : Je veux faire un pique-nique. J'ai déjà un panier et une couverture.

**Paul** : Parfait. On peut aller au parc.

**Julie** : On manque quoi pour notre pique-nique ?

**Paul** : On devrait préparer des sandwichs.

**Julie** : Je peux acheter du pain frais à la boulangerie.

**Paul** : J'ai du jambon et de la dinde en tranches. J'ai aussi de la laitue et des tomates.

**Julie** : Tu as de la moutarde à la maison ?          la laitue = lettuce

**Paul** : Non. Et toi ?

**Julie** : Non, j'irais en acheter ! Tu aimerais boire quoi ?

**Paul** : Peut-être de l'eau et du soda ?

**Julie** : J'ai de l'eau, mais je n'ai pas de soda.

**Paul** : J'ai du soda à la maison. Tu peux apporter de l'eau et je vais apporter le soda.

**Julie** : Parfait.

**Paul** : À quelle heure on se retrouve au parc ?

À quelle heure on se retrouve à

**Julie :** À 10 heures.
**Paul :** D'accord, on se voit là-bas !

# I have a picnic

**Julie :** I love living in the south of France. The summers here are so pleasant !
**Paul :** I agree. The weather is beautiful today.
**Julie :** I feel like going out today. Would you like to join me ?
**Paul :** Sure, what do you want to do ?
**Julie :** I want to have a picnic. I already have a basket and a blanket.
**Paul :** Great. We can go to the park.
**Julie :** What are we missing for our picnic ?
**Paul :** We should make sandwiches.
**Julie :** I can get fresh bread from the bakery.
**Paul :** I have ham and sliced turkey. I also have lettuce and tomatoes.
**Julie :** Do you have mustard at home ?
**Paul :** No. Do you ?
**Julie :** No, I'll go buy some ! What would you like to drink ?
**Paul :** Maybe water and soda ?
**Julie :** I have water, but I don't have soda.
**Paul :** I have soda at home. You can bring the water and I'll bring the soda.
**Julie :** That's fine.
**Paul :** What time are we meeting at the park ?
**Julie :** At 10 o'clock.
**Paul :** Okay, I'll see you there !

# 6 : Changer de coupe de cheveux

**Angélique :** J'ai besoin d'une nouvelle coupe de cheveux.

**Matthieu :** Je trouve que tes cheveux sont très beaux.

**Angélique :** Oui, ils sont pas mal, mais ils sont trop longs.

**Matthieu :** Tu vas couper combien de centimètres ?

**Angélique :** Juste les pointes.

**Matthieu :** Ce n'est pas beaucoup. Si tu payes déjà pour une coupe, tu devrais faire quelque chose de plus spectaculaire.

**Angélique :** Mais je ne veux pas faire un grand changement !

**Matthieu :** Alors pourquoi tu veux les couper ?

**Angélique :** Parce que je veux garder mes cheveux en bonne santé.

**Matthieu :** Oh, je vois. Combien ça va coûter ?

**Angélique :** En général, ça coûte environ quarante-cinq euros.

**Matthieu :** Quarante-cinq euros ! C'est tellement cher !

**Angélique :** C'est le prix moyen des coupes de cheveux pour les femmes dans cette ville.

**Matthieu :** Je suis content d'être un homme !

**Angélique :** Oui, vous avez bien de la chance. Je vais prendre rendez-vous maintenant.

**Matthieu :** Super ! J'ai hâte de voir le résultat.

# Change your haircut

**Angélique :** I need a new haircut.

**Matthieu :** I think your hair looks great.

**Angélique :** Yeah, it's not bad, but it's too long.

**Matthieu :** How many centimeters are you going to cut ?

**Angélique :** Just the ends.

**Matthieu :** It's not much. If you're already paying for a cut, you should do something more spectacular.

**Angélique :** But I don't want to make a big change !

**Matthieu :** Then why do you want to cut them ?

**Angélique :** Because I want to keep my hair healthy.

**Matthieu :** Oh, I see. How much will it cost ?

**Angélique :** It usually costs about forty-five euros.

**Matthieu :** Forty-five euros ! That's so expensive !

**Angélique :** That's the average price of haircuts for women in this city.

**Matthieu :** I'm glad I'm a man !

**Angélique :** Yes, you are very lucky. I'll make an appointment now.

**Matthieu :** Great ! I can't wait to see the results.

# 7 : Fêter le nouvel an en France

**Robert :** Hé, Hannah ! Qu'est-ce que tu vas faire pour le réveillon ?

**Hannah :** Salut, Robert ! Je ne sais pas encore. Et toi ?

**Robert :** Je vais aller à la maison de mon ami pour une fête. Tu veux venir avec moi ?

**Hannah :** Bien sûr ! C'est qui ton ami ? Il habite où ?

**Robert :** C'est mon ami Ryan. Je travaille avec lui. Il vit près de la plage, à Toulon.

**Hannah :** Oh, cool ! Combien de personnes seront là ?

**Robert :** On sera 20 ou 30.

**Hannah :** C'est beaucoup.

**Robert :** Oui, Ryan a beaucoup d'amis !

**Hannah :** On dirait bien. Est-ce que je dois apporter quelque chose ?

**Robert :** Si tu veux, tu peux apporter des boissons ou des chips.

**Hannah :** Quel genre de boissons je dois apporter ?

**Robert :** Peut-être de la bière ou du vin ?

**Hannah :** Ok ! Je suis contente, je n'avais rien de prévu pour le réveillon du Nouvel An !

**Robert :** Super alors ! On se voit là-bas !

Qu'est-ce que tu vas faire pour...

avoir rien de prévu

# Celebrating the New Year in France

**Robert** : Hey, Hannah ! What are you going to do on New Year's Eve ?

**Hannah** : Hi, Robert ! I don't know yet. What are you going to do ?

**Robert** : I'm going to my friend's house for a party. Do you want to come with me ?

**Hannah** : Sure ! Who's your friend ? Where does he live ?

**Robert** : That's my friend Ryan. I work with him. He lives near the beach in Toulon.

**Hannah** : Oh, cool ! How many people will be there ?

**Robert** : We'll be 20 or 30.

**Hannah** : That's a lot.

**Robert** : Yeah, Ryan has a lot of friends !

**Hannah** : It sounds like it. Should I bring something ?

**Robert** : If you want, you can bring some drinks or chips.

**Hannah** : What kind of drinks should I bring ?

**Robert** : Maybe beer or wine ?

**Hannah** : Okay ! I'm glad, I didn't have anything planned for New Year's Eve !

**Robert** : Great then ! See you there !

# 8 : Raconter son rêve

**Arthur :** J'ai fait un rêve très étrange la nuit dernière !

**Fanny :** Vraiment ? Raconte-moi !

**Arthur :** J'étais dans une ferme et il y avait beaucoup d'animaux étranges. Il y avait des animaux de la ferme comme des chèvres, des cochons et des vaches, mais il y avait aussi des zèbres, des kangourous et même un tigre.

**Fanny :** C'est une ferme intéressante !

**Arthur :** Oui. Et certains des zèbres avaient des rayures de différentes couleurs. Certains étaient bleus, d'autres violets et certains avaient des rayures arc-en-ciel !

**Fanny :** Vraiment ?

**Arthur :** Et puis le tigre m'a parlé, mais il parlait en italien.

**Fanny :** En italien ? Qu'est-ce qu'il a dit ?

**Arthur :** Je sais pas ! Je ne parle pas italien !

**Fanny :** Ensuite, qu'est-ce qu'il s'est passé ?

**Arthur :** Je ne me souviens pas.

**Fanny :** Est-ce que tu fais toujours des rêves bizarres ?

**Arthur :** Souvent, oui !

**Fanny :** Est-ce que tu penses que les rêves signifient quelque chose ?

**Arthur :** Parfois. Et toi ?

**Fanny :** Je pense que oui. Peut-être que tu veux plus d'amis.

**Arthur :** J'ai déjà beaucoup d'amis !

**Fanny :** Peut-être que tes amis sont ennuyeux et que tu veux des amis plus intéressants. Comme des zèbres à rayures arc-en-ciel !

**Arthur :** Peut-être !

# Telling your dream

**Arthur** : I had a very strange dream last night !

**Fanny** : Really ? Tell me about it !

**Arthur** : I was on a farm and there were lots of strange animals. There were farm animals like goats, pigs and cows, but there were also zebras, kangaroos and even a tiger.

**Fanny** : That's an interesting farm !

**Arthur** : Yes. And some of the zebras had different colored stripes. Some were blue, some were purple and some had rainbow stripes !

**Fanny** : Really ?

**Arthur** : And then the tiger talked to me, but it was in Italian.

**Fanny** : In Italian ? What did he say ?

**Arthur** : I don't know ! I don't speak Italian !

**Fanny** : Then what happened ?

**Arthur** : I don't remember.

**Fanny** : Do you still have strange dreams ?

**Arthur** : Often, yes !

**Fanny** : Do you think the dreams mean something ?

**Arthur** : Sometimes. Do you ?

**Fanny** : I think so. Maybe you want more friends.

**Arthur** : I have lots of friends already !

**Fanny** : Maybe your friends are boring and you want more interesting friends. Like zebras with rainbow stripes !

**Arthur** : Maybe !

# 9 : Préparer une fête surprise

**Ingrid :** Salut Éric, tu viens à la fête surprise d'Emma ?

**Eric :** Chut ! Ne dis pas ça si fort. Elle pourrait t'entendre.

**Ingrid :** Elle est dans la pièce d'à côté en train de parler à Daniel. Elle ne peut pas m'entendre. Alors, est-ce que tu viens ?

**Eric :** Oui et toi ?

**Ingrid :** Bien sûr, je participe à l'organisation.

**Eric :** Alors, c'est quoi le plan ?

**Ingrid :** Son petit ami Antoine l'emmène dîner dehors. Tout le monde arrive à la maison entre six heures et six heures et demie. Emma et Antoine devraient être de retour à la maison à huit heures. Antoine va nous tenir au courant par SMS. On va tous se cacher, et quand ils rentreront, on sautera et on dira "Surprise !".

**Eric :** Cool. Elle se doute de rien ? Ça ne la surprend pas qu'aucun de ses amis ne veuille sortir pour son anniversaire ?

**Ingrid :** Elle sort avec ses amis ce week-end, après son anniversaire. Donc, elle pense que c'est la seule fête.

**Eric :** Génial !

se douter de : to suspect

21

# Planning a surprise party

**Ingrid** : Hi Eric, are you coming to Emma's surprise party ?

**Eric** : Shh ! Don't say it so loud. She might hear you.

**Ingrid** : She's in the next room talking to Daniel. She can't hear me. So, are you coming ?

**Eric** : Yes, and you ?

**Ingrid** : Sure, I'm helping to organize.

**Eric** : So, what's the plan ?

**Ingrid** : Her boyfriend Antoine takes her out to dinner. Everyone arrives home between six and six-thirty. Emma and Antoine should be back home by eight. Antoine will keep us updated via text message. We're all going to hide, and when they get home, we're going to jump up and say "Surprise !"

**Eric** : Cool. Does she have any idea ? Doesn't it surprise her that none of her friends want to go out on her birthday ?

**Ingrid** : She's going out with her friends this weekend, after her birthday. So she thinks that's the only party.

**Eric** : Great !

# 10 : Ouvrir un compte en banque

**Employé de banque** : Bonjour, comment puis-je vous aider ?

**Jérémy :** Bonjour, j'ai besoin d'ouvrir un compte bancaire.

**Employé de banque** : Je peux vous aider. Quel type de compte vous voulez ouvrir ?

**Jérémy :** Un compte chèque.

**Employé de banque** : Très bien. Vous devrez déposer au moins vingt-cinq euros pour ouvrir le compte.

**Jérémy :** D'accord. Je peux déposer plus ?

**Employé de banque** : Oui, bien sûr ! Vous pouvez commencer avec le

un compte chèque

être supérieur à = to be more than
tant que = as long as

montant que vous voulez, tant qu'il est supérieur à vingt-cinq euros.

**Jérémy :** D'accord, je vais commencer avec cent euros.

**Employé de banque :** Je vais avoir besoin de votre permis de conduire et de votre numéro de Sécurité sociale. Vous devrez aussi remplir ce formulaire avec vos informations.

**Jérémy :** Ok. Est-ce que j'aurai une carte de crédit aujourd'hui ?

**Employé de banque :** Non, il faut entre cinq et dix jours pour recevoir votre carte. Vous la recevrez par la poste.

**Jérémy :** Je vois. Très bien, merci pour votre aide.

**Employé de banque :** Merci à vous aussi ! Passez une bonne journée !

**Jérémy :** Merci, vous aussi.

# Opening a bank account

**Bank employee :** Hello, how can I help you ?

**Jérémy :** Hi, I need to open a bank account.

**Bank employee :** I can help you. What kind of account do you want to open ?

**Jérémy :** A checking account.

**Bank employee :** Okay. You will need to deposit at least twenty-five euros to open the account.

**Jérémy :** Okay. Can I deposit more ?

**Bank employee :** Yes, of course ! You can start with any amount you want, as long as it's more than twenty-five euros.

**Jérémy :** Okay, I'll start with one hundred euros.

**Bank employee :** I'll need your driver's license and your Social Security number. You'll also need to fill out this form with your information.

**Jérémy :** Okay. Will I get a credit card today ?

**Bank employee :** No, it takes between five and ten days to receive your card. You will receive it in the mail.

**Jérémy :** I see. All right, thank you for your help.

**Bank employee :** Thank you too ! Have a great day !

**Jérémy :** Thanks, you too.

le montant = the amount

# 11 : Adopter un animal de compagnie

**Camille :** Je pense que Rex a besoin d'un copain.

**Julien :** Tu veux prendre un autre chien ? Tu es sûr d'avoir le temps pour ça ?

**Camille :** Oui, je pense que c'est le moment.

**Julien :** Ok, quel genre de chien tu penses prendre ?

**Camille :** Je ne suis pas sûre. Il y a beaucoup de chiens au refuge, alors je veux adopter un chien abandonné.

**Julien :** Et si le chien était méchant ?

**Camille :** Je pense que les chiens sont reconnaissants d'être dans un foyer aimant.

**Julien :** Je suppose que c'est vrai. Le chien de ton amie, Brisket, semble être très affectueux et je sais qu'il a été adopté.

**Camille :** Exactement !

**Julien :** Alors, tu vas aller où pour adopter un chien ? À la fourrière ?

**Camille :** Oui, mais je peux aussi aller sur les sites Internet des centres d'adoption ou des organisations de sauvetage d'animaux pour en trouver un.

**Julien :** Eh bien, espérons que Rex et ton nouveau chien vont bien s'entendre.

**Camille :** Je l'espère aussi. J'ai hâte d'adopter un autre chien !

# Adopt a pet

**Camille :** I think Rex needs a friend.

**Julien :** Do you want to get another dog ? Are you sure you have time for that ?

**Camille :** Yeah, I think it's time.

**Julien :** Okay, what kind of dog are you thinking about getting ?

**Camille :** I'm not sure. There are a lot of dogs at the shelter, so I want to adopt an abandoned dog.

**Julien :** What if the dog is mean ?

**Camille :** I think dogs are grateful to be in a loving home.

**Julien :** I guess that's true. Your friend's dog, Brisket, seems to be very affectionate and I know he was adopted.

**Camille :** Exactly !

**Julien :** So where are you going to adopt a dog ? At the shelter ?

**Camille :** Yes, but I can also go to the websites of adoption centers or animal rescue organizations to find one.

**Julien :** Well, let's hope that Rex and your new dog get along well.

**Camille :** I hope so too. I can't wait to adopt another dog !

# 12 : Acheter un billet d'avion

**Pauline :** Tu voudrais partir en voyage avec moi ?

**Jules :** Bien sûr ! Qu'est-ce que tu as en tête ?

**Pauline :** Je voudrais aller à New York !

**Jules :** Pourquoi ?

**Pauline :** J'adore cette ville. On pourrait rendre visite à mes cousins. Je ne les ai pas vus depuis des lustres.

**Jules :** Ok, c'est parti.

**Pauline :** Regardons en ligne pour des billets d'avion. Je pense que certaines compagnies aériennes font des soldes en ce moment, donc avec un peu de chance, on pourra faire de bonnes affaires.

**Jules :** On devrait essayer de partir la nuit pour éviter le décalage horaire.

**Pauline :** Oui, le prix le plus bas en ce moment est de 300 euros aller-retour par personne. Il y a une escale à Londres.

**Jules :** Et les vols sans escale ?

**Pauline :** Euh... 600 euros.

**Jules :** Quoi ? C'est ridicule !

**Pauline :** Achetons les billets d'avion avant qu'ils deviennent trop chers. Tu peux nous réserver un hôtel ?

**Jules :** Je viens de le faire. On sera au centre de la ville.

depuis des lustres = for ages
Il y a une escale à Londres = stopover / layover

**Pauline :** Super, j'ai hâte !

# Buying a plane ticket

**Pauline** : Would you like to go on a trip with me ?

**Jules** : Of course ! What do you have in mind ?

**Pauline** : I'd like to go to New York !

**Jules** : Why ?

**Pauline** : I love that city. We could visit my cousins. I haven't seen them in ages.

**Jules** : Okay, here we go.

**Pauline** : Let's look online for plane tickets. I think some of the airlines are having a sale right now, so hopefully we can get a good deal.

**Jules** : We should try to leave at night to avoid jet lag.

**Pauline** : Yes, the lowest price right now is 300 euros round trip per person. There is a stopover in London.

**Jules** : And the non-stop flights ?

**Pauline** : Uh... 600 euros.

**Jules** : What ? That's ridiculous !

**Pauline** : Let's buy the plane tickets before they get too expensive. Can you book us a hotel ?

**Jules** : I just did. We'll be in the center of town.

**Pauline** : Great, I can't wait !

# 13 : Trouver une place de parking

**Didier :** Je suis impatient d'aller à la fête de ce soir.

**Florian :** Moi aussi, mais je n'ai rien apporté.

**Didier :** On peut s'arrêter pour acheter à manger ? La pizzeria juste en face est géniale.

**Florian :** Bien sûr !

**Didier :** Cherchons une place de parking ensemble. J'ai l'impression que ça va prendre beaucoup trop de temps de toute façon.

**Florian :** Ok. Je crois que je vois une place dans le coin le plus éloigné !

**Didier :** Tourne ici ! Il y a généralement moins de voitures dans cette partie du parking.

**Florian :** Bonne idée ! Oh, voilà une place !

**Didier :** Est-ce qu'il vient de voler notre place de parking ? C'était clairement la nôtre ! Bon, continuons à chercher. Oh ! Je crois que j'en vois un ! Oh attends... cette personne a juste laissé les phares de la voiture allumés. Il n'y a personne dedans.

**Florian :** On tourne autour de ce parking depuis 15 minutes maintenant.

**Didier :** Regarde là-bas ! Cette personne s'en va !

**Florian :** Oui ! Cette place de parking est à nous !

**Didier :** Hourra !

# Finding a parking space

**Didier :** I can't wait to go to the party tonight.

**Florian :** Me too, but I didn't bring anything.

**Didier :** Can we stop to buy some food ? The pizzeria across the street is great.

**Florian :** Of course !

**Didier :** Let's look for a parking place together. I feel like it's going to take too long anyway.

**Florian :** Ok. I think I see a spot in the far corner !

**Didier :** Turn here ! There are usually fewer cars in this part of the parking lot.

**Florian :** Good idea ! Oh, there's a space !

**Didier :** Did he just steal our parking space ? It was clearly ours ! Well, let's keep looking. Oh ! I think I see one ! Oh wait... that person just left the car lights on. There's no one inside.

**Florian** : We've been circling this parking lot for 15 minutes now.

**Didier** : Look over there ! That person is leaving !

**Florian** : Yes ! That parking space is ours !

**Didier** : Hurray !

# 14 : S'enregistrer dans un hôtel

**Réceptionniste :** Bonjour, bienvenue à l'Hôtel Myriade. Comment puis-je vous aider ?

**Frédéric :** Bonjour, on a une réservation au nom de la famille Moulin.

**Réceptionniste :** Super, laissez-moi regarder ça. Ok... vous avez une grande chambre avec un grand lit pour trois nuits.

**Frédéric :** Oui.

**Réceptionniste :** Est-ce que je peux voir votre carte d'identité et la carte de crédit que vous avez utilisée pour faire la réservation ?

**Frédéric :** Oui, les voici.

**Réceptionniste :** Merci. Alors, vous venez d'où ?

**Frédéric :** De Paris.

**Réceptionniste :** Ça marche.

**Frédéric :** Au fait, est-ce qu'il y a des chambres avec une belle vue ?

**Réceptionniste :** Laissez-moi vérifier. Oh, on dirait que vous avez de la chance ! On a eu une annulation il y a environ 5 minutes ! Voici vos clés et le code du Wi-Fi. Les ascenseurs sont au bout du couloir.

**Frédéric :** Super, merci !

**Réceptionniste :** Tout le plaisir est pour moi. Profitez de votre séjour et n'hésitez pas à nous faire savoir si vous avez des questions.

# Checking into a hotel

**Receptionist** : Hello, welcome to the Myriad Hotel. How can I help you ?

**Frédéric** : Hello, we have a reservation for the Moulin family.

**Receptionist** : Great, let me take a look at that. Okay... you have a large room with a queen bed for three nights.

**Frédéric** : Yes.

**Receptionist** : Can I see your ID and the credit card you used to make the reservation ?

**Frédéric** : Yes, here they are.

**Receptionist** : Thank you. So, where are you from ?

**Frédéric** : Paris.

**Receptionist** : Alright.

**Frédéric** : By the way, are there any rooms with a nice view ?

**Receptionist** : Let me check. Oh, looks like you're in luck ! We had a cancellation about 5 minutes ago ! Here are your keys and the Wi-Fi code. The elevators are down the hall.

**Frédéric** : Great, thanks !

**Receptionist** : My pleasure. Enjoy your stay and please let us know if you have any questions.

# 15 : Démissionner

**Astrid :** Je pense que je vais quitter mon travail.

**Adrien :** Vraiment ? Pourquoi ? Je croyais que tu aimais ton travail !

**Astrid :** J'aimais ça, mais je m'ennuie un peu.

**Adrien :** Qu'est-ce que tu veux dire ?

**Astrid :** J'ai l'impression de faire la même chose tous les jours. Je veux quelque chose d'un peu plus stimulant.

**Adrien :** Je vois. C'est logique. Tu vas chercher un emploi dans le même domaine ou dans un domaine totalement différent ?

**Astrid :** Je sais pas. J'aime bien la comptabilité, mais j'aimerais me lancer dans la décoration intérieure.

**Adrien :** Ce serait un grand changement, mais ça t'irait bien. Quel type de décoration d'intérieur ?

**Astrid :** Je ne suis pas encore sûre, mais j'aimerais bien aider à concevoir des restaurants.

**Adrien :** Oh, ce serait amusant. Tu ne penses pas que ça t'ennuierait à force ?

**Astrid :** Non, j'aurai plein de projets différents !

**Adrien :** C'est vrai. Eh bien, bonne chance !

**Astrid :** Merci ! Je te tiendrai au courant.

# Quitting my job

**Astrid :** I think I'll quit my job.

**Adrien :** Really ? Why ? I thought you liked your job !

**Astrid :** I did like it, but I'm a bit bored.

**Adrien :** What do you mean ?

**Astrid :** I feel like I do the same thing every day. I want something a little more challenging.

**Adrien :** I see. That makes sense. Are you going to look for a job in the same field or in a totally different field ?

**Astrid :** I don't know. I like accounting, but I'd like to get into interior design.

**Adrien :** That would be a big change, but it would suit you. What kind of interior design ?

**Astrid :** I'm not sure yet, but I would love to help design restaurants.

**Adrien :** Oh, that would be fun. Don't you think you'd get bored with it ?

**Astrid :** No, I'll have lots of different projects !

**Adrien :** That's true. Well, good luck !

**Astrid :** Thanks ! I will keep you informed.

# 16 : Faire la lessive

**Nathalie :** Je vais t'apprendre à faire la lessive avant que tu partes à l'université !

**Morgane :** Je sais comment faire la lessive.

**Nathalie :** Oui, mais pas bien ! Tu as abîmé tant de vêtements !

**Morgane :** Seulement quelques trucs.

**Nathalie :** Tu te souviens de ma chemise qui est allée dans la machine à laver blanche et qui est ressortie rose ?

**Morgane :** Elle était bien en rose !

**Nathalie :** Peut-être mais je ne voulais pas de chemise rose !

**Morgane :** Ok. Je suis désolé pour ça.

**Nathalie :** D'abord tu dois séparer les vêtements sombres des vêtements clairs.

**Morgane :** Qu'est-ce qui est "clair" et qu'est-ce qui est "sombre" ?

**Nathalie :** Les couleurs claires sont le blanc, le beige, le gris, le bleu clair... des choses comme ça. Les vêtements sombres sont noirs, bruns, gris foncé et les couleurs vives.

**Morgane :** Et ensuite ?

**Nathalie :** Tu choisis d'abord la température de l'eau et tu appuies sur ce bouton. Ensuite, tu choisis le type de lavage. J'ai l'habitude de choisir normal. Ensuite, tu appuies sur le bouton "start". C'est aussi simple que ça.

**Morgane :** Oh, c'est facile. Je pense que je peux le faire.

# Doing the laundry

**Nathalie :** I'll teach you how to do laundry before you go to college !

**Morgane :** I know how to do the laundry.

**Nathalie :** Yes, but not well ! You've ruined so many clothes !

**Morgane :** Only a few things.

**Nathalie** : Remember my shirt that went into the white washing machine and came out pink ?

**Morgane** : It was great in pink !

**Nathalie** : Maybe, but I didn't want a pink shirt !

**Morgane** : Okay. I'm sorry about that.

**Nathalie** : First you have to separate the dark clothes from the light clothes.

**Morgane** : What is "light" and what is "dark" ?

**Nathalie** : Light colors are white, beige, gray, light blue... things like that. Dark clothes are black, brown, dark gray and bright colors.

**Morgane** : And then ?

**Nathalie** : First you choose the water temperature and you press this button. Then you choose the type of wash. I usually choose normal. Then you press the "start" button. It's as simple as that.

**Morgane** : Oh, it's easy. I think I can do it.

# 17 : Au zoo

**Hélène :** Joseph, on est déjà arrivés au zoo !

**Joseph :** Tout est si joli ici ! Regarde tous les animaux !

**Hélène :** Oui ! Regarde cet éléphant ! Comme il est grand ! Tu aimes les animaux toi, Joseph ?

**Joseph :** Oui, je les aime beaucoup, mais pas tous bien sûr.

**Hélène :** Lesquels tu n'aimes pas, Joseph ?

**Joseph :** Je n'aime pas les serpents et les animaux venimeux.

**Hélène :** C'est vrai. Pour être honnête, j'ai peur des crocodiles.

**Joseph :** Et regarde ce lion. Tu savais qu'il est considéré comme le roi de la jungle ?

**Hélène :** Je ne sais pas pourquoi il est considéré comme un roi s'il n'est pas aussi grand qu'un éléphant ou un hippopotame.

**Joseph :** Oui tu as raison, mais on dit qu'ils peuvent travailler ensemble avec leur meute !

**Hélène :** Ah bien, maintenant allons voir les autres animaux.

# At the zoo

**Hélène :** Joseph, we're already at the zoo !

**Joseph :** Everything is so pretty here ! Look at all the animals !

**Hélène :** Yes ! Look at that elephant ! How big it is ! Do you like animals, **Joseph** ?

**Joseph :** Yes, I like them a lot, but not all of them of course.

**Hélène :** Which ones don't you like, Joseph ?

**Joseph :** I don't like snakes and poisonous animals.

**Hélène :** That's true. To be honest, I'm afraid of crocodiles.

**Joseph :** And look at that lion. Did you know that he's considered the king of the jungle ?

**Hélène :** I don't know why he's considered a king if he's not as big as an elephant or a hippo.

**Joseph :** Yes, you're right, but they say they can work together with their pack !

**Hélène :** Well, now let's go see the other animals.

# 18 : Faire du camping

**Kevin :** Jeanne, est-ce que tout est prêt pour le camping ?

**Jeanne :** Oui, j'ai tout préparé, ou du moins je le pense.

**Kevin :** Tu penses, hmm... On va vérifier, tu ne crois pas ?

**Jeanne :** Très bien, regarde dans le sac tout ce que j'emmène.

**Kevin :** Tu as le sac de couchage, la tente et une lanterne, mais, et tout le reste ?

**Jeanne :** Quoi, Kevin ? Ce n'est pas suffisant ?

**Kevin :** Non, tu dois avoir des briquets et des bougies au cas où la lanterne tombe en panne.

le sac de couchage - sleeping bag

**Jeanne :** Oui, bien sûr, tu as raison.

**Kevin :** Et c'est quoi ce maillot de bain ?

**Jeanne :** Pour nager dans le lac. Il doit y avoir un lac ou une rivière à proximité, non ?

**Kevin :** À quoi tu penses Jeanne ? Oui, il y a des lacs, mais il est interdit de s'y baigner pour des raisons de sécurité.

**Jeanne :** Ok Kevin, rangeons ce dont on a besoin et partons déjà, car il est tard.

# Going camping

**Kevin :** Jeanne, is everything ready for camping ?

**Jeanne :** Yes, I have everything ready, or at least I think so.

**Kevin :** You think, hmm... We'll check it out, don't you think ?

**Jeanne :** Alright, look in the bag for everything I'm taking.

**Kevin :** You've got the sleeping bag, the tent and a lantern, but what about everything else ?

What, Kevin ? Isn't that enough ?

**Kevin :** No, you have to have lighters and candles in case the lantern breaks down.

**Jeanne :** Yes, of course, you're right.

**Kevin :** And what's with the swimsuit ?

**Jeanne :** To swim in the lake. There must be a lake or a river nearby, right ?

**Kevin :** What are you thinking, Jeanne ? Yes, there are lakes, but it is forbidden to swim in them for safety reasons.

**Jeanne :** Ok Kevin, let's pack up what we need and leave already, because it's late.

# 19 : Donner son opinion

**Élodie :** Maxime, tu as vu le nouveau film *La Belle et la Bête* ?

**Maxime :** Oui je l'ai vu, Élodie.

**Élodie :** J'ai trouvé ça absolument génial, pas toi ?

**Maxime :** J'ai aimé quelques scènes.

**Élodie :** Les dialogues étaient très clairs et j'adore les comédies musicales en général. En plus, l'actrice principale est une femme qui a eu beaucoup de succès au cinéma et son rôle était incroyable.

**Maxime :** Oui, tu as raison, mais le rôle de la Bête était aussi très bien fait, tu dois l'admettre.

**Élodie :** C'est extraordinaire la façon dont ils ont adapté le conte en film.

**Maxime :** C'est vrai. C'est un travail de qualité.

**Élodie :** Je suis contente de te l'entendre dire. Quel film tu veux voir maintenant, Maxime ?

**Maxime :** Eh bien, on n'a qu'à aller au cinéma, d'accord ?

**Élodie :** D'accord. On verra là-bas, mais c'est moi qui décide !

# Giving your opinion

**Élodie :** Maxime, did you see the new film Beauty and the Beast ?

**Maxime :** Yes, I saw it, Élodie.

**Élodie :** I thought it was absolutely brilliant, didn't you ?

**Maxime :** I liked some of the scenes.

**Élodie :** The dialogue was very clear and I love musicals in general. Plus, the lead actress is a woman who has had a lot of success in movies and her role was incredible.

**Maxime :** Yes, you're right, but the role of the Beast was also very well done, you must admit.

**Élodie :** It's extraordinary the way they adapted the tale into a movie.

**Maxime :** It's true. It's a great work.

**Élodie :** I'm glad to hear you say that. What movie do you want to see now, Maxime ?

**Maxime** : Well, let's just go to the movies, okay ?

**Élodie :** Okay. We'll see there, but I'm the one who decides !


# 20 : Inviter quelqu'un au restaurant

**Corinne :** Nicolas, je veux t'inviter à manger, mais avant, je voudrais savoir quel genre de nourriture tu aimes manger quand tu sors.

**Nicolas :** Je ne sais pas, j'aime tous les styles de nourriture, mais j'aime beaucoup les hot-dogs.

**Corinne :** Je veux t'inviter à manger et toi tu veux un simple hot-dog ?

**Nicolas :** Eh bien, j'aime aussi le poulet rôti.

**Corinne :** C'est beaucoup mieux. Est-ce que tu aimes un endroit en particulier ?

**Nicolas :** Oui, "Le restaurant de Freddy" dans le centre-ville. Le poulet qu'ils servent là-bas est délicieux.

**Corinne :** Quand est-ce que tu aimerais y aller ?

**Nicolas :** Mmm... Jeudi ? Qu'est-ce que tu en penses ?

**Corinne :** Oui, c'est d'accord. Dis-le aussi à ta sœur, j'aimerais bien la revoir.

**Nicolas :** Non, elle travaille tard en ce moment. On pourra lui proposer de faire quelque chose la semaine prochaine.

**Corinne :** Ok, pas de problème, alors il n'y aura que nous deux.


## Inviting someone to a restaurant

**Corinne** : Nicolas, I want to invite you to eat, but first I'd like to know what kind of food you like to eat when you go out.

**Nicolas :** I don't know, I like all kinds of food, but I really like hot dogs.

**Corinne** : I want to invite you to eat and you want a simple hot dog ?

**Nicolas :** Well, I also like roast chicken.

**Corinne** : That's much better. Do you like any particular place ?

**Nicolas** : Yes, "Freddy's Restaurant" in the downtown area. The chicken they serve there is delicious.

**Corinne** : When would you like to go there ?

**Nicolas** : Mmm... Thursday ? What do you think ?

**Corinne** : Yes, that's fine. Tell your sister too, I'd like to see her again.

**Nicolas** : No, she's working late at the moment. We can suggest that she do something next week.

**Corinne** : Okay, no problem, then it'll just be the two of us.


# 21 : Acheter une voiture d'occasion

**Sabrine :** Je vends ma voiture la semaine prochaine.

**Albert :** Pourquoi tu veux la vendre ?

**Sabrine :** Elle va bientôt tomber en panne et je n'ai pas d'argent pour la réparer. Le mécanicien m'a conseillé de la revendre.

**Albert :** Tu vas acheter une nouvelle voiture ?

**Sabrine :** Mon frère Patrice va m'emmener en voir une qu'un de ses amis vend. Elle est petite, je pourrais facilement la garer et elle ne consomme pas trop d'essence.

**Albert :** Parfait. Tu devrais emmener ton mécanicien pour qu'il vérifie avant de l'acheter. Moi, je vais acheter une moto ce week-end.

**Sabrine :** Oui, je vais l'emmener. J'ai besoin d'une meilleure voiture qui n'a pas besoin d'être réparée. C'est génial que tu ailles acheter une moto !

**Albert :** Tu en as déjà fait ?

**Sabrine :** Non, mais comme ça, je pourrais essayer avec toi.

**Albert :** Excellente idée ! Bonne chance pour l'achat de ta nouvelle voiture.

# Buying a used car

**Sabrine** : I'm selling my car next week.

**Albert** : Why do you want to sell it ?

**Sabrine** : It's going to break down soon and I don't have the money to fix it. The mechanic advised me to sell it.

**Albert** : Are you going to buy a new car ?

**Sabrine** : My brother Patrice is going to take me to see a car that a friend of his is selling. It's small, I could easily park it and it doesn't consume too much gas.

**Albert** : Perfect. You should take your mechanic to check it out before you buy it. I'm going to buy a motorcycle this weekend.

**Sabrine** : Yes, I'll bring it along. I need a better car that doesn't need to be fixed. That's great that you're going to buy a motorcycle !

**Albert** : Have you ever done that ?

**Sabrine** : No, but this way I can try it with you.

**Albert** : That's a great idea ! Good luck with your new car.

# 22 : Visite chez le médecin

**Médecin :** Bonjour, Mademoiselle, dites-moi ce qui vous contrarie.

**Gaëlle :** Eh bien Docteur, j'ai une douleur à l'oreille droite qui me cause un terrible mal de tête. Malgré la douleur, j'avais quand même prévu de venir faire un contrôle de routine.

**Médecin :** Depuis combien de temps vous souffrez de cette douleur à l'oreille ?

**Gaëlle :** Bientôt deux semaines.

**Médecin :** Deux semaines ? C'est beaucoup trop ! C'est pour ça que vous avez si mal. L'oreille est très proche des nerfs reliés au cerveau.

**Gaëlle :** Oui, je comprends. Qu'est-ce que vous me conseillez de faire ?

**Médecin :** Je vais examiner votre oreille. Avant de poursuivre, permettez-moi de vous prescrire ce que vous devez faire et les médicaments que vous devrez prendre.

**Gaëlle :** D'accord, Docteur.

**Médecin :** Vous devez acheter ces comprimés pour le mal de tête et des gouttes antibiotiques pour l'oreille. Appelez-moi la semaine prochaine pour me dire si ça a fonctionné. Maintenant, allons dans la salle d'examen.

**Gaëlle :** D'accord, Docteur, merci.

# Visit to the doctor

**Doctor** : Hello, Miss, tell me what's bothering you.

**Gaëlle** : Well, Doctor, I have a pain in my right ear which causes me a terrible headache. In spite of the pain, I had still planned to come for a routine check-up.

**Doctor** : How long have you had this pain in your ear ?

**Gaëlle** : Almost two weeks.

**Doctor** : Two weeks ? That's way too long ! That's why it hurts so much. The ear is very close to the nerves connected to the brain.

**Gaëlle** : Yes, I understand. What do you advise me to do ?

**Doctor** : I'll examine your ear. Before I go any further, let me prescribe what you need to do and what medications you need to take.

**Gaëlle** : Okay, Doctor.

**Doctor** : You need to buy these headache tablets and antibiotic ear drops. Call me next week and let me know if it worked. Now, let's go to the examination room.

**Gaëlle** : Okay, Doctor, thank you.

tu es d'accord ?

# 23 : Passer un appel

**Laura :** Allô David, comment tu vas ?
**David :** Allô. Salut Laura ! J'étais justement en train de penser à toi ! Je suis content de recevoir ton appel.
**Laura :** Vraiment ? Pourquoi ?
**David :** Je pensais qu'on pourrait sortir ce soir, si ça te tente.
**Laura :** C'est pour ça que je t'appelle ! Je voulais savoir si tu étais disponible pour aller au cinéma ce soir.
**David :** Avec plaisir ! Quels sont les films qui passent en ce moment ?
**Laura :** Je pensais à un film comique, il y en a un super en salle.
**David :** Ça a l'air génial ! Et, et si on regardait un film d'horreur ? Ce serait mieux, surtout si on y va la nuit.
**Laura :** C'est vrai, les deux me vont ! À quelle heure tu veux que je vienne te chercher ?
**David :** Mmm... à 19 heures, tu es d'accord ?
**Laura :** Bien sûr, laisse-moi réfléchir à qui je peux laisser mes enfants. Je te tiens au courant !
**David :** D'accord Laura, à plus tard.

# Making a call

**Laura :** Hello David, how are you ?
**David :** Hello. Hi Laura ! I was just thinking about you ! I'm glad to get your call.
**Laura :** Really ? Why ?
**David :** I was thinking we could go out tonight, if you'd like.
**Laura :** That's why I'm calling you ! I wanted to know if you were available to go to the movies tonight.
**David :** I'd love to ! What movies are playing right now ?
**Laura :** I was thinking of a comedy movie, there's a great one at the cinema.

**David** : That sounds great ! And, how about a horror movie ? That would be better, especially if we go at night.

**Laura** : That's right, I'm fine with both ! What time do you want me to pick you up ?

**David** : Mmm... 7pm, is that okay ?

**Laura** : Sure, let me think about who I can leave my kids with. I'll let you know !

**David** : Okay Laura, see you later.

# 24 : Les passe-temps

**Yvan :** Je suis heureux que les examens soient terminés.

**Elsa :** Pareil ! Il était temps qu'on se repose. Je cherche un endroit pour prendre l'air, je vais peut-être aller à la montagne ce week-end. Je veux organiser un petit camping dans la forêt comme j'ai l'habitude de le faire et puis je vais faire du canoë sur la rivière si la météo le veut.

**Yvan :** Oh, comme c'est amusant. Pour ma part, je pense que je vais aller à Montpellier avec mon appareil photo. J'espère trouver de beaux paysages à capturer.

**Elsa :** Pourquoi tu ne viens pas avec moi à la montagne ? On va bien s'amuser.

**Yvan :** J'aimerais bien, mais je ne suis pas un grand aventurier !

**Elsa :** Ne dis pas ça, on a tous un esprit d'aventurier en nous.

**Yvan :** Oui, tu as raison.

**Elsa :** En plus, tu pourras prendre de belles photos !

# Hobbies

**Yvan** : I'm happy that the exams are over.

**Elsa** : The same ! It's about time we had a rest. I'm looking for a place to get some fresh air, maybe I'll go to the mountains this weekend. I want to organize a little camping in the forest like I used to do and then I'll go canoeing on the river if the weather is good.

**Yvan** : Oh, how fun. As for me, I think I will go to Montpellier with my camera. I hope to find beautiful landscapes to capture.

**Elsa** : Why don't you come with me to the mountains ? We'll have a lot of fun.

**Yvan** : I would love to, but I'm not a great adventurer !

**Elsa** : Don't say that, we all have an adventurous spirit in us.

**Yvan** : Yes, you're right.

**Elsa** : Besides, you'll be able to take nice pictures !

# 25 : Parler de la météo

**Justine :** Norman ! Qu'est-ce que c'est que ça ? Il était censé faire très beau d'après le bulletin météo !

**Norman :** C'est vrai ! Il fait très froid ! Je pensais qu'il ferait meilleur à cette heure-ci. Oh, regarde ces nuages sombres, on dirait qu'il va pleuvoir, peut-être même de l'orage !

**Justine :** Regarde ce qu'ils disent maintenant sur Internet ! Il va y avoir beaucoup de pluie et des températures très basses !

**Norman :** Nous qui voulions faire une balade dans le parc, je pense qu'on ferait mieux de remettre à demain.

**Justine :** Oui, rentrons à la maison pour éviter d'être mouillés.

**Norman :** N'oublie pas d'appeler tes parents pour qu'ils ne sortent pas avec cette pluie.

**Justine :** Oui, tu as raison.

## Talking about the weather

**Justine** : Norman ! What is this ? The weather report said it was going to be a beautiful day !

**Norman** : It is ! It's very cold ! I thought it would be better this time of day. Oh, look at those dark clouds, it looks like it's going to rain, maybe even storm !

**Justine** : Look at what they're saying on the Internet now ! It's going to rain a lot and be very cold !

**Norman** : We wanted to go for a walk in the park, so I think we'd better postpone it until tomorrow.

**Justine** : Yes, let's go home so we don't get wet.

**Norman** : Don't forget to call your parents and tell them not to go out in this rain.

**Justine** : Yes, you're right.

# 26 : Appeler à l'aide

**Pierre :** Denise, Denise ! Est-ce que tu vas bien ?

**Denise :** Oui, qu'est-ce qui vient de se passer ?

**Pierre :** Nous avons eu un accident !

**Denise :** Et toi, ça va Pierre ?

**Pierre :** Non, ça ne va pas. Je crois que mon bras est cassé. Ça fait très mal !

**Denise :** J'appelle le 15 tout de suite ! Bonjour ? Je veux signaler un accident sur la route régionale près du centre commercial de Besançon. Mon petit ami a probablement le bras cassé.

**Pierre :** Qu'est-ce qu'ils t'ont dit, Denise ?

**Denise :** Ils vont envoyer une ambulance et la police tout de suite, et ils vont arriver dans quelques minutes.

**Pierre :** Très bien, on se met à l'abri et on attend qu'ils arrivent.

**Denise :** Attends, ils m'ont dit qu'on ne devait pas bouger, car on pourrait être plus blessés qu'on le pense.

**Pierre :** Tu es sûr de ça ? Et si la voiture explose ?

**Denise :** Ça n'arrive que dans les films. Ce sera plus dangereux si on bouge. L'ambulance est déjà en chemin. On aura bientôt de l'aide.

# Calling for help

**Pierre :** Denise, Denise ! Are you okay ?

**Denise :** Yes, what just happened ?

**Pierre :** We had an accident !

**Denise :** Are you okay, Pierre ?

**Pierre :** No, I'm not okay. I think my arm is broken. It hurts a lot !

**Denise :** I'll call 15 right away ! Hello ? I want to report an accident on the regional road near the shopping center in Besançon. My boyfriend probably has a broken arm.

**Pierre :** What did they tell you, Denise ?

**Denise :** They're going to send an ambulance and the police right away, and they'll be here in a few minutes.

**Pierre :** All right, we'll take cover and wait for them to arrive.

**Denise :** Wait, they told me we shouldn't move, because we might be more hurt than we think.

**Pierre :** Are you sure about that ? What if the car explodes ?

**Denise :** That only happens in the movies. It will be more dangerous if we move. The ambulance is already on its way. We'll get help soon.

# 27 : Poster un colis

**Judith :** Bonjour, j'espère que vous allez bien. Que puis-je faire pour vous ?

**Carl :** Je dois envoyer ce paquet à l'Université d'Oxford en Angleterre.

**Judith :** Très bien, pour des raisons de sécurité nous devons visualiser le contenu de la marchandise.

**Carl :** Très bien, pas de problème.

**Judith :** Ok, comme je peux le voir, vous voulez envoyer des livres. Permettez-moi de peser le colis pour calculer le prix de l'envoi.

**Carl :** Quel est le mode de paiement ?

**Judith :** En liquide ou en carte monsieur, le prix dépendra du poids du colis. Si vous voulez le service express, vous devrez payer un supplément de 10 euros.

**Carl :** Et quelle est la différence ?

**Judith :** Avec le service normal, il arrivera dans environ 15 jours, mais avec le service express, il arrivera dans un jour ou deux.

**Carl :** D'accord, alors je paierai le service express s'il arrive beaucoup plus vite.

**Judith :** Très bien Monsieur, signez ici et indiquez l'adresse de livraison.

# Mail a package

**Judith** : Hello, I hope you are well. What can I do for you ?

**Carl** : I need to send this package to Oxford University in England.

**Judith** : Very well, for security reasons we need to view the contents of the package.

**Carl** : All right, no problem.

**Judith** : Okay, as I can see, you want to send books. Let me weigh the package to calculate the price of the shipment.

**Carl** : What is the method of payment ?

**Judith** : Cash or credit card, the price will depend on the weight of the package. If you want the express service, you will have to pay an extra 10 euros.

**Carl** : And what is the difference ?

**Judith** : With the normal service it will arrive in about 15 days, but with the express service it will arrive in a day or two.

**Carl** : Okay, then I'll pay for the express service if it arrives much faster.

**Judith** : All right sir, sign here and give the delivery address.

# 28 : Dans les transports

**Raphaël :** On doit prendre un bus ou un taxi pour aller au centre commercial ?

**Rose :** On va prendre un taxi, c'est impossible de prendre un bus à cette heure-ci. Il y aura plus de place et on risque de ne pas pouvoir monter.

**Raphaël :** Regarde les taxis, ils sont pleins. Qu'est-ce qu'on fait maintenant, Rose ?

**Rose :** Mmm... Ah, je sais, marchons jusqu'au prochain arrêt de bus. On pourra peut-être y prendre un taxi ou un bus s'il est vide.

**Raphaël :** Quoi ? Jusqu'au prochain arrêt ? C'est loin !

**Rose :** Allez, le prochain arrêt est juste au bout de la rue. Au fait, tu as apporté de l'argent pour le taxi, n'est-ce pas ?

**Raphaël :** Oui, bien sûr, je l'ai ici.

**Rose :** Parfait, moi j'ai ma carte d'abonnement pour le bus. On y va, je n'ai vraiment pas envie de le rater.

**Raphaël :** Moi non plus !


In the transport

**Raphaël :** Should we take a bus or a cab to go to the shopping center ?

**Rose :** We will take a cab, it is impossible to take a bus at this hour. There will be more room and we might not be able to get on.

**Raphaël :** Look at the cabs, they are full. What do we do now, Rose ?

**Rose :** Mmm... Ah, I know, let's walk to the next bus stop. Maybe we can get a cab or a bus if it's empty.

**Raphaël :** What ? To the next stop ? That's a long way !

**Rose :** Come on, the next stop is just down the road. By the way, you brought money for the cab, didn't you ?

**Raphaël :** Yes, of course, I have it here.

**Rose :** Good, I have my bus pass. Let's go, I really don't want to miss it.

**Raphaël :** Me neither !

# 29 : Aller au cinéma

**Sébastien :** J'ai enfin les tickets pour le film.

**Marthes :** Super, Sébastien. Qu'est-ce qu'on va voir ?

**Sébastien :** L'Aube des ténèbres.

**Marthes :** Sérieusement ? Tu sais que les films d'horreur me font très peur !

**Sébastien :** Oui, je sais, mais tout le reste du groupe voulait aller le voir. D'ailleurs, il y a beaucoup d'humour. Ce n'est pas un film d'horreur comme les autres.

**Marthes :** D'accord, et qui sera là ?

**Sébastien :** Béatrice, Christine et Matthias.

**Marthes :** Au moins, je serai contente de les revoir.

**Sébastien :** Je viendrais te chercher chez toi un peu avant, on ira acheter des pop-corns au guichet ensemble.

**Marthes :** Ça marche !

# Going to the movies

**Sébastien :** I finally got the tickets for the movie.

**Marthes :** Great, Sébastien. What are we going to see ?

**Sébastien :** Dawn of Darkness.

**Marthes :** Seriously ? You know that horror movies scare me a lot !

**Sébastien :** Yes, I know, but the rest of the group wanted to go see it. Besides, there is a lot of humor in it. It's not a horror movie like the others.

**Marthes :** Okay, and who will be there ?

**Sébastien :** Béatrice, Christine and Matthias.

**Marthes :** At least I'll be happy to see them again.

**Sébastien :** I'll pick you up at your place a little earlier, and we'll go buy popcorn at the counter together.

**Marthes** : Okay !

# 30 : Faire du sport

**Émile :** À quelle heure est le match de football ? Je crois que c'était à midi, je l'ai loupé.

**Suzanne :** Ça m'est égal, je préfère le volley-ball.

**Émile :** Le volley-ball ? Qu'est-ce qui est intéressant dans le volley-ball ?

**Suzanne :** C'est un meilleur sport et en général il est joué par des femmes, pas comme le football où tout le monde court derrière un ballon.

**Émile :** Et le volley-ball, ce n'est pas un groupe de femmes qui court après un ballon pour éviter qu'il touche le sol peut-être ?

**Suzanne :** Oui, mais c'est plus stratégique.

**Émile :** Oui, c'est vrai, mais si on faisait un sondage pour savoir ce que les gens préfèrent entre le football et le volleyball, qui gagnerait ?

**Suzanne :** Bien sûr que ce serait le football, parce que c'est un sport beaucoup plus pratiqué que tous les autres.

**Émile :** Peu importe, l'essentiel, c'est d'aimer le sport qu'on fait !

# Playing sports

**Émile :** What time is the soccer game ? I think it was at noon, I missed it.

**Suzanne :** I don't care, I prefer volleyball.

**Émile :** Volleyball ? What's interesting about volleyball ?

**Suzanne :** It's a better sport and it's usually played by women, not like soccer where everyone runs around with a ball.

**Émile :** And volleyball, isn't it a group of women running after a ball to keep it from hitting the ground maybe ?

**Suzanne :** Yes, but it's more strategic.

**Émile :** Yes, that's true, but if we took a poll to see which people liked better between soccer and volleyball, who would win ?

**Suzanne :** Of course it would be soccer, because it's a much more popular sport than any other.

**Émile :** It doesn't matter, the main thing is to like the sport you play !

# 31 : Tu as assez d'argent ?

**Emmanuel :** Laurie, qu'est-ce que tu vas faire aujourd'hui ?

**Laurie :** Je vais faire du shopping avec des copines.

**Emmanuel :** Tu pars à quelle heure ?

**Laurie :** Je vais partir vers 16 heures.

**Emmanuel :** Tu peux m'acheter un sandwich au jambon au magasin ? J'ai une réunion au travail demain midi, mais je n'aurai pas le temps de m'en acheter un.

**Laurie :** Oui sans problème, les amis, c'est fait pour ça ! Tu as assez d'argent ?

**Emmanuel :** Je ne sais pas, il faut que je vérifie.

**Laurie :** Combien tu as ?

**Emmanuel :** Je n'ai que des petites pièces. 5 euros, tu penses que c'est assez ?

**Laurie :** Je pense pas, tout coûte cher au centre commercial. Je peux te l'acheter et tu me rembourses la prochaine fois. Ce n'est pas urgent, ne t'inquiète pas.

**Emmanuel :** Très bien, je te ferai un virement bancaire.

**Laurie :** Oui, on fait ça, à tout à l'heure !

# Do you have enough money ?

**Emmanuel :** Laurie, what are you going to do today ?

**Laurie :** I'm going shopping with my friends.

**Emmanuel** : What time are you leaving ?

**Laurie** : I'm going to leave around 4pm.

**Emmanuel** : Can you buy me a ham sandwich at the store ? I have a meeting at work tomorrow at noon, but I won't have time to buy one.

**Laurie** : Yes, no problem, friends, that's what it's for ! Do you have enough money ?

**Emmanuel** : I don't know, I'll have to check.

**Laurie** : How much do you have ?

**Emmanuel** : I only have small coins. 5 euros, do you think that's enough ?

**Laurie** : I don't think so, everything is expensive at the mall. I can buy it from you and you can pay me back next time. It's not urgent, don't worry.

**Emmanuel** : Fine, I'll make a bank transfer.

**Laurie** : Yes, let's do that, see you later !


# 32 : Aller à un rendez-vous amoureux

**Clément** : Salut. Tu es Cassandra ?

**Cassandra** : Oui ! Tu es Clément ?

**Clément** : Oui, ravi de te rencontrer !

**Cassandre** : Moi aussi, je suis ravie de te rencontrer. Comment s'est passée ta journée ?

**Clément** : Très chargée. Et toi, comment s'est passée ta journée ?

**Cassandra** : Moi aussi, je n'ai pas arrêté de travailler.

**Clément** : Eh bien, j'espère que tu as faim !

**Cassandra** : Tout à fait !

**Clément** : En attendant les plats, parle-moi de toi. C'est quoi ton travail ?

**Cassandra** : Je travaille dans un cabinet d'avocats. Et toi ?

**Clément** : Je suis comptable.

**Cassandra** : Tu aimes ton travail ?

**Clément :** Oui, beaucoup. En réalité, on ne fait jamais la même chose tous les jours. Est-ce que tu aimes travailler dans un cabinet d'avocats ?

**Cassandra :** Je ne changerais de métier pour rien au monde. J'adore mes collègues ! Tu as aussi des passions j'imagine ?

**Clément :** Oui ! Parlons-en pendant qu'on mange l'entrée.

**Cassandra :** Excellente idée.

# Going on a date

**Clément :** Hi. Are you Cassandra ?

**Cassandra :** Yes ! Are you Clément ?

**Clément :** Yes, nice to meet you !

**Cassandra :** Nice to meet you too. How was your day ?

**Clément :** Very busy. And you, how was your day ?

**Cassandra :** I didn't stop working either.

**Clément :** Well, I hope you're hungry !

**Cassandra :** Yes, I am !

**Clément :** While we're waiting for the food, tell me about yourself. What's your job ?

**Cassandra :** I work at a law firm. What do you do ?

**Clément :** I'm an accountant.

**Cassandra :** Do you like your job ?

**Clément :** Yes, very much. Actually, you never do the same thing every day. Do you like working in a law firm ?

**Cassandra :** I wouldn't change my job for anything in the world. I love my colleagues ! I guess you also have passions ?

**Clément :** Yes ! Let's talk about it while we eat the appetizer.

**Cassandra :** Excellent idea.

# 33 : Aller à la salle de sport

**Sasha :** Salut, Ludivine. Tu es occupée en ce moment ?

**Ludivine :** Bonjour, Sasha. Non, je ne suis pas occupée. Qu'est-ce qu'il y a ?

**Sasha :** Je veux aller à la salle de sport. Tu veux venir avec moi ?

**Ludivine :** Je ne sais pas. Je n'ai pas d'abonnement à la salle de sport.

**Sasha :** Moi non plus. Je pense m'inscrire dans un club de gym. Allons-y ensemble !

**Ludivine :** Bien sûr ! Quelle salle de gym tu aimerais rejoindre ?

**Sasha :** Je ne suis pas sûr. Je veux faire de l'exercice, mais je veux un entraînement amusant.

**Ludivine :** Tu aimes l'escalade ?

**Sasha :** Je ne sais pas. Je n'ai jamais fait d'escalade.

**Ludivine :** Une nouvelle salle d'escalade a ouvert la semaine dernière.

**Sasha :** C'est cool ! Est-ce que je dois être bon en escalade pour m'inscrire ?

**Ludivine :** Non, ce n'est pas nécessaire. Tout le monde peut s'inscrire.

**Sasha :** Combien coûte l'adhésion ?

**Ludivine :** Je crois que l'adhésion coûte 30 euros par mois. Et la première semaine est gratuite !

**Sasha :** C'est génial ! Je ne savais pas que tu aimais l'escalade.

# Going to the gym

**Sasha :** Hi, Ludivine. Are you busy right now ?

**Ludivine :** Hi, Sasha. No, I'm not busy. What's up ?

**Sasha :** I want to go to the gym. Do you want to come with me ?

**Ludivine :** I don't know. I don't have a gym membership.

**Sasha :** I don't either. I'm thinking about joining a gym. Let's go together !

**Ludivine :** Sure ! Which gym would you like to join ?

**Sasha** : I'm not sure. I want to exercise, but I want a fun workout.

**Ludivine** : Do you like rock climbing ?

**Sasha** : I don't know. I've never done any climbing.

**Ludivine** : A new climbing gym opened last week.

**Sasha** : That's cool ! Do I have to be good at climbing to join ?

**Ludivine** : No, it's not necessary. Anyone can join.

**Sasha** : How much does it cost to join ?

**Ludivine** : I think it costs 30 euros per month. And the first week is free !

**Sasha** : That's great ! I didn't know you liked climbing.


# 34 : Préparer un mariage


**Marion :** Je suis tellement excitée pour notre mariage !

**Patrick :** Moi aussi !

**Marion :** On n'a qu'un an pour le préparer, alors on devrait commencer dès maintenant.

**Patrick :** Un an, c'est long !

**Marion :** Pas vraiment ! Ça va aller très vite.

**Patrick :** Hmm, oui. Alors, qu'est-ce qu'on devrait faire en premier ?

**Marion :** Combien de personnes tu voudrais inviter ?

**Patrick :** Peut-être 200 ?

**Marion :** 200 ? C'est beaucoup !

**Patrick :** Vraiment ? C'est normal, non ?

**Marion :** Je pense que 100 ou 150, c'est plus raisonnable.

**Patrick :** D'accord.

**Marion :** Et où est-ce que tu voudrais te marier ? À la plage ? Dans un parc ? Un hôtel ?

**Patrick :** J'ai toujours voulu me marier à la plage.

**Marion :** Moi aussi ! Tu vois ? C'est pour ça que je t'aime.

**Patrick :** Je veux aussi un DJ pour qu'on puisse danser toute la nuit !

**Marion :** Tu es sûr que tu veux que tous tes amis et ta famille te voient danser ?

**Patrick :** Pourquoi ?

**Marion :** Je ne t'épouse pas pour tes talents de danseur !

**Patrick :** Aïe !

# Preparing for a wedding

**Marion :** I'm so excited about our wedding !

**Patrick :** So am I !

**Marion :** We only have a year to plan it, so we should start now.

**Patrick :** A year is a long time !

**Marion :** Not really ! It's going to go really fast.

**Patrick :** Hmm, yes. So what should we do first ?

**Marion :** How many people would you like to invite ?

**Patrick :** Maybe 200 ?

**Marion :** 200 ? That's a lot !

**Patrick :** Really ? That's normal, right ?

**Marion :** I think 100 or 150 is more reasonable.

**Patrick :** Okay.

**Marion :** And where would you like to get married ? At the beach ? In a park ? A hotel ?

**Patrick :** I've always wanted to get married at the beach.

**Marion :** Me too ! You see ? That's why I love you.

**Patrick :** I also want a DJ so we can dance the night away !

**Marion :** Are you sure you want all your friends and family to see you dance ?

**Patrick :** Why ?

**Marion :** I'm not marrying you for your dancing skills !

**Patrick :** Ouch !

# 35 : J'ai laissé mes clés dans la voiture

**Aymeric :** Oh, non !

**Brigitte :** Quoi ?

**Aymeric :** Je viens de faire une bêtise.

*faire un bêtise*

**Brigitte :** Qu'est-ce que tu as fait ?

**Aymeric :** J'ai enfermé mes clés dans la voiture.

**Brigitte :** Oh, mon Dieu. Qu'est-ce qui s'est passé ?

**Aymeric :** J'essayais de sortir tous ces sacs du coffre. Ensuite, j'ai été distrait et j'ai laissé mes clés sur le siège.

**Brigitte :** Qu'est-ce qu'on doit faire ?

**Aymeric :** Je pense qu'on doit appeler un serrurier.

**Brigitte :** Les serruriers sont si chers ! La dernière fois que j'ai enfermé mes clés dans la voiture, j'ai dû payer cent euros. Et ça lui a pris que cinq minutes pour ouvrir la voiture !

**Aymeric :** Je sais. C'est une arnaque. Mais je ne sais pas comment sortir les clés.

**Brigitte :** Tu peux essayer d'ouvrir un peu la fenêtre ?

**Aymeric :** Je vais essayer.

*(Cinq minutes plus tard...)*

**Aymeric :** Je ne peux rien faire ! Je dois quand même appeler le serrurier pour pouvoir aller au travail.

# I left my keys in the car

**Aymeric :** Oh, no !

**Brigitte :** What ?

**Aymeric :** I just did something stupid.

**Brigitte :** What did you do ?

**Aymeric :** I locked my keys in the car.

**Brigitte :** Oh, my God. What happened ?

**Aymeric :** I was trying to get all these bags out of the trunk. Then I got distracted and left my keys on the seat.

**Brigitte** : What should we do ?

**Aymeric** : I think we need to call a locksmith.

**Brigitte** : Locksmiths are so expensive ! The last time I locked my keys in the car, I had to pay a hundred euros. And it only took him five minutes to open the car !

**Aymeric** : I know. It's a scam. But I don't know how to get the keys out.

**Brigitte** : Can you try opening the window a little ?

**Aymeric** : I'll try.

*(Five minutes later...)*

**Aymeric** : I can't do anything ! I still have to call the locksmith so I can go to work.

# 36 : Je suis coincée dans les bouchons

**Anaïs** : Pourquoi est-ce qu'il y a tant de feux rouges devant nous ?

**Christophe** : On dirait un embouteillage.

**Anaïs** : Je déteste les embouteillages ! Ce n'est même pas l'heure de pointe.

**Christophe** : Peut-être qu'il y a eu un accident.

**Anaïs** : Peut-être. Tu peux essayer de trouver des informations sur le trafic routier sur ton téléphone ?

**Christophe** : Bien sûr. D'après l'application, il y aura du trafic pendant encore 15 km à cause d'un accident.

**Anaïs** : 15 km ? C'est très long !

**Christophe** : Après 8 km, ça devrait être un peu mieux.

**Anaïs** : Eh bien, j'espère que tout le monde va bien.

**Christophe** : Moi aussi. En fait, je pense avoir trouvé un raccourci.

**Anaïs** : Vraiment ?

**Christophe** : Ouais. Je regarde mon application de GPS. Il y a une route qu'on peut prendre pour éviter les embouteillages.

**Anaïs** : Super !

**Christophe :** Mais on va être coincés dans les bouchons pendant encore 5 km avant de pouvoir prendre l'autre route.

**Anaïs :** On va y arriver.

# I'm stuck in traffic

**Anaïs :** Why are there so many red lights in front of us ?

**Christophe :** It looks like a traffic jam.

**Anaïs :** I hate traffic jams ! It's not even rush hour.

**Christophe :** Maybe there was an accident.

**Anaïs :** Maybe. Can you try to find traffic information on your phone ?

**Christophe :** Of course. According to the app, there will be traffic for another 15 km because of an accident.

**Anaïs :** 15 km ? That's very long !

**Christophe :** After 8 km, it should be a bit better.

**Anaïs :** Well, I hope everybody is fine.

**Christophe :** Me too. Actually, I think I found a shortcut.

**Anaïs :** Really ?

**Christophe :** Yeah. I'm looking at my GPS app. There's a road we can take to avoid traffic.

**Anaïs :** Great !

**Christophe :** But we'll be stuck in traffic for another 5 km before we can take the other road.

**Anaïs :** We'll make it.

# 37 : S'excuser

**Thomas :** Je veux m'excuser auprès de Julie. J'ai été malpoli avec elle et je me sens mal.

**Alicia :** Je pense que c'est une bonne idée.

**Thomas :** Comment je dois faire ?

**Alicia :** Tu devrais l'appeler et lui demander de te rencontrer. Dis-lui que tu veux parler de ce qui s'est passé et t'excuser.

**Thomas :** Ok, je viens de l'appeler. On va se rencontrer la semaine prochaine.

**Alicia :** C'est bien.

**Thomas :** Alors qu'est-ce que je dois dire devant elle ?

**Alicia :** Tout simplement lui demander pardon et que tu ne pensais pas ce que tu as dit.

**Thomas :** Ouais. Je déteste quand je dis quelque chose que je regrette. J'aimerais pouvoir me taire parfois.

**Alicia :** Tout le monde fait des choses qu'il regrette. La bonne chose, c'est que tu as compris que tu avais fait une erreur.

**Thomas :** Julie et moi, on est amis depuis des années. J'espère qu'elle me pardonnera.

**Alicia :** Ne t'inquiète pas, j'en suis sûre !

# Apologize

**Thomas :** I want to apologize to Julie. I was rude to her and I feel bad.

**Alicia :** I think that's a good idea.

**Thomas :** How should I do it ?

**Alicia :** You should call her and ask her to meet with you. Tell her you want to talk about what happened and apologize.

**Thomas :** Okay, I just called him. We'll meet next week.

**Alicia :** That's great.

**Thomas :** So what should I say in front of her ?

**Alicia** : Just ask for her forgiveness and that you didn't mean what you said.

**Thomas** : Yeah. I hate it when I say something I regret. I wish I could keep my mouth shut sometimes.

**Alicia** : Everyone does things they regret. The good thing is that you realized you made a mistake.

**Thomas** : Julie and I have been friends for years. I hope she'll forgive me.

**Alicia** : Don't worry, I'm sure she will !

# 38 : Problèmes informatiques

**Eléonor :** Grégoire, viens par ici ! Qu'est-ce que je peux faire pour toi ?

**Grégoire :** Beaucoup de choses Eléonor, j'ai besoin de ton aide.

**Eléonor :** Bien sûr, Grégoire. Dis-moi simplement ce dont tu as besoin et je te dirai si je peux t'aider ou non.

**Grégoire :** J'ai pensé à toi parce que je sais que tu installes des systèmes d'exploitation et que tu es très douée en informatique. Mon ordinateur est de plus en plus lent et j'ai besoin d'une mise à jour pour qu'il soit plus rapide.

**Eléonor :** Tout à fait ! J'aime beaucoup le système d'exploitation que je possède, car il m'aide à faire ce dont j'ai besoin et il est plus facile à utiliser.

**Grégoire :** Combien ça me coûterait ?

**Eléonor :** Pas très cher. J'ai juste besoin du disque dur de ton ordinateur. Je peux l'installer avec mon propre ordinateur, mais apporte-le vite.

**Grégoire :** Je ne sais pas ce que je ferais sans toi, Eléonor, merci beaucoup !

douée = gifted
une mise à jour = update
un système d'exploitation

# Computer problems

**Eléonor :** Grégoire, come here ! What can I do for you ?

**Grégoire :** A lot of things, Eléonor, I need your help.

**Eléonor :** Of course, Grégoire. Just tell me what you need and I'll tell you if I can help you or not.

**Grégoire :** I thought of you because I know you install operating systems and you are very good at computers. My computer is getting slower and slower and I need an upgrade to make it faster.

**Eléonor :** Absolutely ! I really like the operating system I have because it helps me do what I need and it's easier to use.

**Grégoire :** How much would it cost me ?

**Eléonor :** Not very expensive. I just need the hard drive from your computer. I can install it with my own computer, but bring it quickly.

**Grégoire :** I don't know what I'd do without you, Eléonor, thank you very much !

# 39 : Faire un cadeau d'anniversaire

**Cédric :** Hé, tu sais, je veux acheter un cadeau d'anniversaire pour ma mère. Elle fête ses 50 ans.

**Hélène :** Oh, c'est quand son anniversaire ?

**Cédric :** Le 18 décembre.

**Hélène :** Qu'est-ce que tu veux acheter pour elle ?

**Cédric :** Je ne suis pas très sûr. Je veux bien que tu m'accompagnes au centre commercial.

**Hélène :** Bien sûr ! Tu connais quelque chose qui pourrait lui plaire ?

**Cédric :** Hmm... Et bien, elle aime plusieurs choses : les vêtements, les voyages et les bonbons.

**Hélène :** Bonne idée, on va faire du shopping.

**Cédric :** Regarde ce gâteau ! Il est beau, mais il coûte probablement beaucoup d'argent !

**Hélène :** Oui, on va regarder le prix.

**Cédric :** 17 euros, c'est très bon marché ! Je vais en acheter un.

**Hélène :** Je suis sûre que ta mère va l'adorer.

**Cédric :** En plus, elle adore le chocolat ! Je vais regarder dans les autres magasins si je trouve quelque chose qui pourrait lui plaire.

# Making a birthday present

**Cédric :** Hey, you know, I want to buy a birthday present for my mom. She's turning 50.

**Hélène :** Oh, when is her birthday ?

**Cédric :** December 18th.

**Hélène :** What do you want to buy for her ?

**Cédric :** I'm not sure. I'd like you to go to the mall with me.

**Hélène :** Sure ! Do you know anything she might like ?

**Cédric :** Hmm... Well, she likes many things : clothes, travel and candy.

**Hélène :** Good idea, let's go shopping.

**Cédric :** Look at this cake ! It's beautiful, but it probably costs a lot of money !

**Hélène :** Yes, let's look at the price.

**Cédric :** 17 euros, it's very cheap ! I'll buy one.

**Hélène :** I'm sure your mother will love it.

**Cédric :** Besides, she loves chocolate ! I'm going to look in other stores to see if I can find something she might like.

# 40 : Commander à boire

**Pierre :** Bonsoir, comment puis-je vous aider ?

**Carla :** Bonsoir, Monsieur. Excusez-moi, vous pouvez me montrer la carte des vins, s'il vous plaît ?

**Pierre :** La carte des vins se trouve à la dernière page de votre menu, Madame.

**Carlo :** Merci. Est-ce que vous préparez des cocktails dans ce bar ?

**Pierre :** Oui, bien sûr. Notre bar a une grande variété de cocktails à offrir. Notre barman adore créer des boissons originales et faire plaisir aux clients.

**Carla :** À vrai dire, je ne sais pas quoi boire. Est-ce que vous avez une boisson spéciale à me recommander ?

**Pierre :** En ce moment, je peux vous recommander un Mojito cubain ou une Margarita traditionnelle. Les clients adorent ces deux boissons.

**Carla :** Parfait. Apportez-moi une Margarita s'il vous plaît.

**Pierre :** Vous la voulez avec ou sans glaçons ?

**Carla :** Sans glaçons, s'il vous plaît.

**Pierre :** Voilà, j'espère que vous allez l'aimer.

**Carla :** Merci beaucoup.

# Ordering a drink

**Pierre :** Good evening, how can I help you ?

**Carla :** Good evening, sir. Excuse me, could you show me the wine list, please ?

**Pierre :** The wine list is on the last page of your menu, Madame.

**Carla :** Thank you. Do you prepare cocktails in this bar ?

**Pierre :** Yes, of course. Our bar has a wide variety of cocktails to offer. Our bartender loves to create original drinks and make the customers happy.

**Carla :** To tell you the truth, I don't know what to drink. Do you have a special drink you would recommend ?

**Pierre :** Right now, I can recommend a Cuban Mojito or a traditional Margarita. The customers love both of these drinks.

**Carla :** Perfect. Bring me a Margarita, please.

**Pierre :** Do you want it on the rocks or off the rocks ?

**Carla :** No ice, please.

**Pierre** : Here you go, I hope you like it.
**Carla** : Thank you very much.

# 41 : Tu veux danser avec moi ?

**François** : Bonjour, Mademoiselle. J'ai remarqué que vous étiez assise ici toute seule et que vous n'avez dansé avec personne. Est-ce que ça vous dérange si je m'assois avec vous ?
**Clara** : Bonjour, oui pas de problème, je profite simplement de la musique.
**François** : Excellent. Je m'appelle François, ravi de vous rencontrer.
**Clara** : Clara, c'est un plaisir.
**François** : Alors, qu'est-ce que vous faites dans la vie, Clara ?
**Clara** : Je suis infirmière. Et vous ?
**François** : Je suis ingénieur système. Je voulais voir à quoi ressemble la vie nocturne ici.
**Clara** : Je vis ici depuis quelques mois. Il y a plein d'endroits super. Si vous voulez danser, je vous recommande le Blue Sky, c'est tout près.
**François** : Vous devriez venir avec moi pour en profiter aussi !
**Clara** : Pourquoi pas ! Je vais vous guider.
*(Quelques minutes plus tard...)*
**François** : Ah, je le vois maintenant. On entre ?
**Clara** : Oui !
**François** : Oh, au fait, Clara, tu veux danser avec moi ?
**Clara** : Hmm... pourquoi pas ? On y va ?
**François** : Super !

# Do you want to dance with me ?

**François** : Hello, Miss. I noticed that you were sitting here all alone and that you didn't dance with anyone. Do you mind if I sit with you ?

**Clara :** Hi, yes no problem, just enjoying the music.

**François :** Excellent. My name is Francois, nice to meet you.

**Clara :** Clara, it's a pleasure.

**François :** So, what do you do for a living, Clara ?

**Clara :** I'm a nurse. What do you do ?

**François :** I'm a systems engineer. I wanted to see what the nightlife is like here.

**Clara :** I've been living here for a few months. There are a lot of great places. If you want to dance, I recommend Blue Sky, it's very close.

**François :** You should come with me to enjoy it too !

**Clara :** Why not ! I'll guide you.

*(A few minutes later...)*

**François :** Ah, I see it now. Shall we go in ?

**Clara :** Yes !

**François :** Oh, by the way, Clara, do you want to dance with me ?

**Clara :** Hmm... why not ? Shall we go in ?

**François :** Great !

# 42 : Demander son chemin

**Julien :** J'ai tellement hâte de voir ta nouvelle maison !

**Suzie :** Moi aussi ! J'ai hâte de t'accueillir.

**Julien :** Je n'arrive pas à croire que je ne sois pas venu te voir dans ta nouvelle maison depuis ton déménagement.

**Suzie :** C'est pas grave ! Tu as été tellement occupé. Avec ton travail, ce n'est pas facile.

**Julien :** C'est vrai, mais maintenant, il est temps ! Explique-moi comment venir chez toi ?

**Suzie :** Bien sûr. Je vais essayer de faire simple. Il faut prendre la rue Victor Hugo sur 4 km. Ensuite, tu tournes à droite sur la route de Vienne. Quelques kilomètres plus loin, tu verras un rond-point. Prends la troisième sortie et quelques rues plus loin, tu tomberas dessus !

**Julien :** Ok, compris. Merci ! Je serai là vers 18h30. Je t'appelle si je me perds en route.

**Suzie :** Évidemment, je reste près de mon téléphone au cas où tu aurais besoin de moi. À tout à l'heure !

# Ask for directions

**Julien :** I can't wait to see your new house !

**Suzie :** Me too ! I can't wait to welcome you.

**Julien :** I can't believe I haven't visited you in your new home since you moved.

**Suzie :** That's okay ! You've been so busy. With your job, it's not easy.

**Julien :** That's true, but now it's time ! Explain to me how to get to your house ?

**Suzie :** Sure. I'll try to make it simple. You have to take Victor Hugo street for 4 km. Then, you turn right on the road to Vienne. A few kilometers further on, you will see a traffic circle. Take the third exit and a few streets further on, you'll find it !

**Julien :** Ok, understood. Thank you ! I'll be there around 6 :30 pm. I'll call you if I get lost on the way.

**Suzie :** Of course, I'll stay by my phone in case you need me. See you there !

# 43 : Tu peux me donner l'heure ?

**Lucien :** Quelle heure il est ? On est très en retard !

**Agnès :** Il est sept heures moins le quart. On a encore le temps, ne panique pas.

**Lucien :** Mais je croyais qu'on devait être au restaurant de ton ami à six heures et demie. Le soir, la circulation est épouvantable ! On risque d'être coincés dans les embouteillages pendant un bout de temps.

**Agnès :** C'est vrai, mais ne t'inquiète pas. Ce dont on a vraiment besoin, c'est d'aide pour trouver l'adresse. On est perdu. La fête surprise commence à huit heures.

**Lucien :** Quoi ? Ce n'est pas possible. On doit appeler ton ami pour qu'il nous redonne l'adresse exacte.

**Agnès :** Reste calme, j'ai un papier avec l'adresse écrite dessus, mais je ne comprends toujours pas certaines choses.

**Lucien :** Regarde ! Sur le papier, il est écrit qu'il faut être à six heures sur le lieu de la fête pour commencer les préparatifs !

**Agnès :** Mince, il faut qu'on se dépêche !

# Can you tell me the time ?

**Lucien** : What time is it ? We're very late !

**Agnès :** It's a quarter to seven. We still have time, don't panic.

**Lucien** : But I thought we were supposed to be at your friend's restaurant at half past six. In the evening, the traffic is terrible ! We might be stuck in traffic for a while.

**Agnès :** That's true, but don't worry. What we really need is help to find the address. We're lost. The surprise party starts at eight.

**Lucien** : What ? This can't be happening. We need to call your friend to give us the exact address.

**Agnès :** Stay calm, I have a piece of paper with the address written on it, but I still don't understand some things.

**Lucien** : Look ! On the paper, it says that we have to be at the party venue at six o'clock to start preparations !

**Agnès :** Gee, we have to hurry !

# 44 : Expliquer son retard

**La directrice :** Samuel, je peux vous voir dans mon bureau ?

**Samuel :** Bien sûr.

**La directrice :** Vous avez été en retard 3 fois au cours des 2 dernières semaines. Est-ce que ça va être un problème récurrent ?

**Samuel :** Je suis vraiment désolé. Je n'ai vraiment pas eu de chance ce matin.

**La directrice :** Être en retard une fois de temps en temps, ça arrive. Si vous êtes souvent en retard, ça montre que vous êtes irresponsable. Comment allez-vous régler ce problème ?

**Samuel :** La semaine dernière, j'ai eu beaucoup de problèmes personnels. Je me suis occupé de tous ces problèmes et je n'ai plus d'excuses pour être en retard. J'avais prévu d'arriver tôt au bureau aujourd'hui, mais il y a eu un accident qui a bloqué la circulation.

**La directrice :** Vous feriez mieux de commencer à anticiper tous les problèmes parce que je ne vais plus tolérer vos retards. Est-ce que c'est clair ?

**Samuel :** Parfaitement clair. Je ne serai plus jamais en retard.

**La directrice :** Très bien.

# Explain his delay

**Principal :** Samuel, can I see you in my office ?

**Samuel :** Sure.

**Principal :** You have been late 3 times in the last 2 weeks. Is this going to be a recurring problem ?

**Samuel :** I'm really sorry. I had really bad luck this morning.

**Principal :** Being late once in a while happens. If you are late a lot, it shows that you are irresponsible. How are you going to fix this problem ?

**Samuel :** Last week I had a lot of personal problems. I've dealt with all those problems and I don't have any excuses for being late anymore. I had planned to get to the office early today, but there was an accident that blocked traffic.

**Principal** : You better start anticipating all the problems because I'm not going to tolerate your tardiness anymore. Is that clear ?

**Samuel** : Perfectly clear. I will never be late again.

**Principal** : Okay.


# 45 : Faire des courses

**Sophie :** Bon, on a besoin de quoi ?

**Max :** Laitue, tomates, oignons, pommes, yaourt, moutarde...

**Sophie :** On va commencer par les fruits et légumes. De combien de tomates on a besoin ?

**Max :** Quatre.

**Sophie :** Ok.

**Max :** Voici quatre tomates.

**Sophie :** Celle-là n'est pas mûre.

**Max :** Oh, je vois.

**Sophie :** D'accord. Oh, prenons aussi des carottes et du céleri.

**Max :** On a déjà du céleri à la maison.

**Sophie :** Super. Voilà des pommes.

**Max :** Je vais en prendre quelques-unes.

**Sophie :** Est-ce qu'on devrait prendre des trucs pour le dîner de jeudi et vendredi ?

**Max :** Oui, qu'est-ce qu'on prend ?

**Sophie :** Peut-être des pâtes et du poulet ?

**Max :** Oui. Et qu'est-ce qu'on fait avec le poulet ?

**Sophie :** J'ai vu une recette de poitrines de poulet avec de la crème, du parmesan et quelques assaisonnements simples. C'est très facile à faire.

**Max :** Ça a l'air bon !

# Shopping

**Sophie** : Well, what do we need ?

**Max** : Lettuce, tomatoes, onions, apples, yogurt, mustard…

**Sophie** : Let's start with fruits and vegetables. How many tomatoes do we need ?

**Max** : Four.

**Sophie** : Okay.

**Max** : Here are four tomatoes.

**Sophie** : This one's not ripe.

**Max** : Oh, I see.

**Sophie** : Okay. Oh, let's get some carrots and celery too.

**Max** : We already have celery at home.

**Sophie** : Great. Here are some apples.

**Max** : I'll take some.

**Sophie** : Should we get some stuff for dinner on Thursday and Friday ?

**Max** : Yeah, what should we get ?

**Sophie** : Maybe some pasta and chicken ?

**Max** : Yes. And what do we do with the chicken ?

**Sophie** : I saw a recipe for chicken breasts with cream, parmesan and some simple seasonings. It's very easy to make.

**Max** : That sounds good !


# 46 : Prendre des vacances

**Kylian :** Je m'ennuie.

**Lélia :** Moi aussi.

**Kylian :** Qu'est-ce qu'on peut faire ?

**Lélia :** Je sais pas.

**Kylian :** Hmm…

**Lélia :** Je veux aller quelque part.

**Kylian :** Où ?

**Lélia :** Je ne suis pas sûre. Je sais que je veux conduire quelque part.

**Kylian :** Excellente idée ! Allons faire un voyage en voiture !

**Lélia :** C'est une bonne idée, mais où ?

**Kylian :** Je ne sais pas. Je pense qu'on devrait aller vers le nord.

**Lélia :** D'accord. On peut longer la côte et visiter le mont St-Michel.

**Kylian :** J'aime cette idée.

**Lélia :** Oui ! Je veux aller à l'aquarium de la ville à côté.

**Kylian :** Je suis d'accord.

**Lélia :** Quand est-ce que tu veux y aller ?

**Kylian :** Je veux y aller tout de suite. Tu peux y aller maintenant ?

**Lélia :** Oui ! On a besoin d'encas pour le voyage en voiture.

**Kylian :** Qu'est-ce que tu veux manger ?

**Lélia :** Je veux prendre du bœuf séché et des chips.

**Kylian :** Parfait ! Je m'en charge. Je suis tellement impatient !

**Lélia :** Moi aussi !

# Take a vacation

**Kylian :** I'm bored.

**Lélia :** So am I.

**Kylian :** What can we do ?

**Lélia :** I don't know.

**Kylian :** Hmm...

**Lélia :** I want to go somewhere.

**Kylian :** Where ?

**Lélia :** I'm not sure. I know I want to drive somewhere.

**Kylian :** Great idea ! Let's go on a road trip !

**Lélia :** That's a good idea, but where ?

**Kylian :** I don't know. I think we should head north.

**Lélia :** Okay. We can go along the coast and visit Mont St-Michel.

**Kylian :** I like that idea.

**Lélia :** Yes, I want to go to the aquarium in the next town.

**Kylian :** I agree.

**Lélia** : When do you want to go ?

**Kylian :** I want to go right now. Can you go now ?

**Lélia** : Yes, we need snacks for the car ride.

**Kylian :** What do you want to eat ?

**Lélia** : I want to have beef jerky and chips.

**Kylian :** Great ! I'll get it. I'm so excited !

**Lélia :** Me too !

# 47 : Commander à manger

**Serveur :** Bonjour, comment vous allez cet après-midi ?

**Client :** Bien, merci. Est-ce que je peux avoir un menu, s'il vous plaît ?

**Serveur :** Certainement, voilà.

**Client :** Merci. C'est quoi le plat du jour ?

**Serveur :** Thon grillé et fromage sur pain de seigle. Si vous n'aimez pas le poisson, vous pouvez choisir notre deuxième plat du jour qui est la blanquette de veau.

**Client :** Ça a l'air bien. Je vais prendre ça.

**Serveur :** Vous voulez boire quelque chose ?

**Client :** Oui, je voudrais un coca.

**Serveur :** Merci. Voilà. Bon appétit !

**Client :** Merci.

**Serveur :** Vous voulez autre chose ?

**Client :** Est-ce que vous pouvez me parler de la carte des desserts ?

**Serveur :** Bien-sûr. On propose 4 desserts différents tous les jours : une mousse au chocolat, un café gourmand, une tarte au citron et une glace à la fraise.

**Client :** Super, merci beaucoup ! Je prendrai un café gourmand à la fin de mon repas.

**Serveur :** Très bien, je reviens avec votre plat dès qu'il est prêt.

# Ordering food

**Waiter** : Hello, how are you this afternoon ?
**Customer** : Fine, thank you. Can I have a menu, please ?
**Waiter** : Certainly, here you go.
**Customer** : Thank you. What's the special of the day ?
**Waiter** : Grilled tuna and cheese on rye bread. If you don't like fish, you can choose our second dish of the day, which is veal blanquette.
**Customer** : That sounds good. I'll have that.
**Waiter** : Would you like something to drink ?
**Customer** : Yes, I'd like a coke.
**Waiter** : Thank you. Here you are. Enjoy your meal !
**Customer** : Thank you.
**Waiter** : Do you want anything else ?
**Customer** : Can you tell me about the dessert menu ?
**Waiter** : Of course. We have 4 different desserts every day : chocolate mousse, gourmet coffee, lemon pie and strawberry ice cream.
**Customer** : Great, thank you very much ! I will have a gourmet coffee at the end of my meal.
**Waiter** : All right, I'll be back with your dish as soon as it's ready.

# 48 : Une soirée au théâtre

**Amélie :** Anne, qu'est-ce que tu veux faire ce soir ?
**Anne :** J'aimerais aller voir une pièce de théâtre. J'ai entendu dire que Le Tartuffe de Molière était représenté ce soir. C'est une pièce très célèbre.
**Amélie :** Oh, j'ai entendu dire que c'était une pièce de théâtre très drôle. À quelle heure ça commence ?
**Anne :** À 18h30. C'est une pièce de théâtre assez courte, elle dure moins de deux heures.
**Amélie :** Tu viendras me chercher ?

**Anne :** Oui, bien sûr. À quelle heure ?

**Amélie :** Je pense qu'on devrait y aller tôt parce que ça pourrait être complet. 17h, ça te va ?

**Anne :** Oui, c'est parfait. Je te retrouve chez toi à 17 heures.

**Amélie :** Tu veux aller manger quelque chose avant le théâtre ?

**Anne :** Je ne suis pas sûre qu'on aura assez de temps pour ça. On peut manger des hot-dogs au stand près du théâtre si tu veux !

**Amélie :** Parfait.

# An evening at the theater

**Amélie :** Anne, what do you want to do tonight ?

**Anne :** I'd like to go to a play. I heard that Moliere's Tartuffe is on tonight. It's a very famous play.

**Amélie :** Oh, I heard it's a very funny play. What time does it start ?

**Anne :** At 6 :30. It's a pretty short play, it's less than two hours long.

**Amélie :** Will you pick me up ?

**Anne :** Yes, of course. At what time ?

**Amélie :** I think we should go early because it might be full. Is five o'clock okay ?

**Anne :** Yes, that's fine. I'll meet you at your place at 5 :00.

**Amélie :** Do you want to get something to eat before the theater ?

**Anne :** I'm not sure we'll have enough time for that. We can get hot dogs at the stand near the theater if you want !

**Amélie :** Perfect.

# 49 : Comment tu vas ?

**Karine :** Bonjour Richard.

**Richard :** Bonjour Karen. Comment vous allez ? Je ne vous ai pas vu à la réunion de ce matin.

**Karine :** Pas trop bien à vrai dire.

**Richard :** Pourquoi ?

**Karine :** Je suis malade.

**Richard :** Je suis désolé d'entendre ça !

**Karine :** Ce n'est rien. Ce n'est pas grave, mon médecin m'a dit que c'était seulement un mauvais rhume. Si ça ne va pas mieux d'ici ce soir, je prendrai un petit congé.

**Richard :** Vous avez raison ! Comment va votre mari ?

**Karine :** Il va bien, merci !

**Richard :** Il est en Amérique maintenant ?

**Karine :** Non, pas encore.

**Richard :** Où est-ce qu'il est ?

**Karine :** Il est au Canada pour le travail. On va le rejoindre avec les enfants dans deux semaines. Tout le monde a hâte d'y aller à la maison, j'espère aller mieux.

**Richard :** Je vois. Je dois y aller maintenant. Dites à votre mari que je lui passe le bonjour.

**Karine :** D'accord, à plus tard.

**Richard :** Je te souhaite un bon rétablissement !

# How are you ?

**Karine :** Hi Richard.

**Richard :** Hi Karen. How are you ? I didn't see you at the meeting this morning.

**Karine :** Not too well actually.

**Richard :** Why ?

**Karine :** I'm sick.

**Richard :** I'm sorry to hear that !

**Karine :** It's okay. It's not serious, my doctor told me it's just a bad cold. If it doesn't get better by tonight, I'll take a little time off.

**Richard :** You're right ! How is your husband ?

**Karine :** He's fine, thanks !

**Richard** : Is he in America now ?

**Karine** : No, not yet.

**Richard** : Where is he ?

**Karine** : He's in Canada for work. We're going to join him and the kids in two weeks. Everyone's looking forward to going home, I hope to get better.

**Richard** : I see. I have to go now. Tell your husband I said hello.

**Karine** : Okay, see you later.

**Richard** : I wish you a good recovery !


# 50 : Présenter un ami

**William :** Bonjour Stéphane, comment tu vas ?

**Stéphane :** Bien, merci. Et toi, comment tu vas ?

**William :** Moi aussi, je vais bien. Stéphane, je te présente Benjamin, mon cousin. Il habite dans le nord de la France. Benjamin, je te présente mon ami, Stéphane. On se connaît depuis des années.

**Benjamin :** Enchanté William.

**William :** Enchanté Benjamin.

**Stéphane :** William, hier j'ai vu ton frère se rendre à l'hôpital. J'espère qu'il va bien.

**William :** Mon père y a été admis hier. Il est tombé dans l'escalier hier. Il n'a rien, mais comme il est âgé, les docteurs le gardent en observation.

**Benjamin :** Je suis venu dès que j'ai su. Je suis très proche de lui et je m'inquiète beaucoup pour sa santé.

**Stéphane :** Comme c'est triste ! J'espère qu'il se sentira mieux très vite.

**William :** Je n'en doute pas, il déborde d'énergie. Il revient à la maison ce soir. Tu peux venir dîner si tu n'as rien de prévu. Toi et Benjamin pourrez apprendre à mieux se connaître !

# Introduce a friend

**William** : Hello Stéphane, how are you ?

**Stéphane** : Fine, thank you. And you, how are you ?

**William** : I'm fine too. Stéphane, let me introduce you to Benjamin, my cousin. He lives in the north of France. Benjamin, this is my friend **Stéphane**. We've known each other for years.

**Benjamin** : Nice to meet you, William.

**William** : Nice to meet you, Benjamin.

**Stéphane** : William, yesterday I saw your brother go to the hospital. I hope he's okay.

**William** : My father was admitted yesterday. He fell down the stairs yesterday. He's okay, but because he's old, the doctors are keeping him under observation.

**Benjamin** : I came as soon as I heard. I'm very close to him and I'm very worried about his health.

**Stéphane** : How sad ! I hope he feels better very soon.

**William** : I don't doubt it, he is full of energy. He's coming home tonight. You can come over for dinner if you don't have any plans. You and Benjamin can get to know each other better !

# 51 : Tu connais l'adresse ?

**André :** Excusez-moi. Vous savez comment aller au centre commercial ? J'ai un rendez-vous pour un entretien d'embauche.

**Béatrice :** Bien sûr, j'y travaillais avant. Continuez tout droit pendant 1,5 km, puis tournez à gauche au feu. Le centre commercial sera sur votre droite. C'est très facile d'y aller.

**André :** Vous connaissez l'adresse ? Je voudrais l'entrer dans mon GPS.

**Béatrice :** Oui, l'adresse est 142 Rue de la République.

**André :** Est-ce que ça vous dérangerait de me l'écrire sur un bout de papier ?

**Béatrice :** Pas de problème.

**André :** Est-ce que c'est plus rapide si je prends l'avenue Émile Zola ?

**Béatrice :** Non, ce sera plus long, même si on a l'impression que c'est le contraire. Il y a plus de feux rouges dans cette rue.

**André :** Je pense que vous avez raison. Merci beaucoup pour votre aide.

**Béatrice :** Bonne chance pour votre entretien !

# Do you know the address ?

**André :** Excuse me. Do you know how to get to the mall ? I have an appointment for a job interview.

**Béatrice :** Sure, I used to work there. Go straight on for a mile, then turn left at the light. The shopping center will be on your right. It's very easy to get there.

**André :** Do you know the address ? I'd like to enter it into my GPS.

**Béatrice :** Yes, the address is 142 Rue de la République.

**André :** Would you mind writing it down for me ?

**Béatrice :** No problem.

**André :** Is it faster if I take Avenue Emile Zola ?

**Béatrice :** No, it will take longer, even if it seems like it's the opposite. There are more red lights on that street.

**André :** I think you are right. Thank you very much for your help.

**Béatrice :** Good luck with your interview !

# 52 : J'ai perdu mon portefeuille

**Claire :** Hey, comment tu vas Jérôme ?

**Jérôme :** Pas très bien. J'ai perdu mon portefeuille à l'instant.

**Claire :** Oh, mince. Il a été volé ?

**Jérôme :** Non, je crois qu'il est sorti de ma poche quand j'étais dans le taxi.

**Claire :** Est-ce que je peux faire quelque chose pour t'aider ?

**Jérôme :** Je peux t'emprunter de l'argent ? Il faut que j'aille au commissariat pour refaire mes papiers, mais je ne peux pas payer de nouveau taxi.

**Claire :** Bien sûr, de combien tu as besoin ?

**Jérôme :** Environ 50 euros.

**Claire :** Ce n'est pas un problème.

**Jérôme :** Merci. Je te rembourserai vendredi. C'est promis.

**Claire :** C'est parfait. Voilà.

**Jérôme :** Souhaite-moi bon courage. Je sens que ça va être difficile de refaire tous mes papiers. En plus, j'ai perdu tout l'argent dans mon portefeuille. Je dois aussi penser à appeler ma banque.

**Claire :** Bon courage, Jérôme. Je compatis !

# I lost my wallet

**Claire :** Hey, how are you, Jérôme ?

**Jérôme :** Not so good. I lost my wallet just now.

**Claire :** Oh, shoot. Was it stolen ?

**Jérôme :** No, I think it came out of my pocket when I was in the cab.

**Claire :** Is there anything I can do to help you ?

**Jérôme :** Can I borrow some money ? I have to go to the police station to redo my papers, but I can't pay for a new cab.

**Claire :** Sure, how much do you need ?

**Jérôme :** About 50 euros.

**Claire :** That's not a problem.

**Jérôme :** Thank you. I'll pay you back on Friday. I promise.

**Claire :** That's fine. Claire : There you go.

**Jérôme :** Wish me luck. I have a feeling it's going to be hard to redo all my papers. Plus, I lost all the money in my wallet. I also have to think about calling my bank.

**Claire :** Good luck, Jérôme. I feel for you !

# 53 : Quel genre de musique tu aimes ?

**Fabien :** Paul, quel genre de musique tu aimes écouter ?

**Paul :** Toutes sortes de musiques, mais surtout de la pop, du rock et de la musique classique quand je dois me concentrer. Pourquoi ?

**Fabien :** J'ai des tickets pour un concert. Tu veux y aller avec moi ?

**Paul :** C'est quel genre de musique ?

**Fabien :** Pop. C'est Mariah Carey. Elle passe à Paris pour la première fois depuis des années.

**Paul :** C'est quand ?

**Fabien :** À 20 heures demain.

**Paul :** Oui, j'aimerais y aller. Tu crois qu'on devrait d'abord dîner ?

**Fabien :** Oui, c'est une bonne idée.

**Paul :** Allons manger au restaurant en face de mon appartement.

**Fabien :** Oh, je pense que je connais l'endroit dont tu parles. On y a mangé le mois dernier, non ?

**Paul :** Oui, c'est ça. Tu as une bonne mémoire. Comme ça, on sera prêt à chanter toute la soirée.

**Fabien :** J'ai hâte !

# What kind of music do you like ?

**Fabien :** Paul, what kind of music do you like to listen to ?

**Paul :** All kinds of music, but mostly pop, rock and classical music when I need to concentrate. Why do you do that ?

**Fabien :** I have tickets for a concert. Do you want to go with me ?

**Paul :** What kind of music is it ?

**Fabien :** Pop. It's Mariah Carey. She's coming to Paris for the first time in years.

**Paul :** When is it ?

**Fabien** : At 8pm tomorrow.

**Paul** : Yes, I'd like to go. Do you think we should have dinner first ?

**Fabien** : Yes, that's a good idea.

**Paul** : Let's go eat at the restaurant in front of my apartment.

**Fabien** : Oh, I think I know the place you're talking about. We ate there last month, right ?

**Paul** : Yes, that's right. You have a good memory. That way we'll be ready to sing all night.

**Fabien** : I can't wait !

# 54 : Aider un ami à déménager

**Elsa :** Bonjour Kelly. Merci d'être venu aider pour mon déménagement avec Alexandre. T'es une vraie amie.

**Kelly :** C'est normal ! En plus, vous venez habiter plus près de chez moi. Ça me rend encore plus contente.

**Elsa :** On va commencer par la cuisine.

**Kelly :** D'accord.

**Elsa :** Kelly, tu veux bien m'aider à mettre ces choses dans la voiture ?

**Kelly :** Ok, quelle est ta voiture déjà ?

**Elsa :** Le SUV bleu devant la Honda.

**Kelly :** Qu'est-ce que je dois prendre en premier ?

**Elsa :** Cette chaise là-bas, mais fais-y attention. C'est un cadeau de ma belle-mère.

**Kelly :** Ne t'inquiète pas. Le buffet juste à côté aussi ?

**Elsa :** Oui !

**Kelly :** Il est beaucoup trop lourd pour moi ! Je demanderai aux garçons de nous aider plus tard. Je m'occupe des chaises pour l'instant.

**Elsa :** Tu as raison. Je ne veux pas que tu te fasses mal au dos.

# Helping a friend move

**Elsa** : Hi Kelly. Thank you for coming to help me move with Alexandre. You're a true friend.

**Kelly** : It's normal ! Besides, you're coming to live closer to me. That makes me even happier.

**Elsa** : We'll start with the kitchen.

**Kelly** : Okay.

**Elsa** : Kelly, will you help me put these things in the car ?

**Kelly** : Okay, what's your car again ?

**Elsa** : The blue SUV in front of the Honda.

**Kelly** : What should I take first ?

**Elsa** : That chair over there, but be careful with it. It's a gift from my mother-in-law.

**Kelly** : Don't worry. The buffet next door too ?

**Elsa** : Yes !

**Kelly** : It's way too heavy for me ! I'll ask the boys to help us later. I'll take care of the chairs for now.

**Elsa** : You're right. I don't want you to hurt your back.

# 55 : Rendre visite à sa famille

**Laëtitia :** Jessica, ton mari a une très belle voiture.

**Jessica :** Merci. Elle est bien mieux que la mienne et elle est toute neuve. Vous allez où ce week-end ?

**Laëtitia :** On va rendre visite à ma sœur en ville.

**Jessica :** Je ne savais pas que ta sœur vivait en ville, quand est-ce qu'elle a déménagé ?

**Laëtitia :** Il y a environ un an. Elle vit dans un appartement dans le centre-ville, en face de la bibliothèque.

**Jessica :** Je vois. Il est presque 17h00 maintenant, tu ne penses pas qu'il y aura beaucoup de circulation ?

**Laëtitia :** Oh, on ne va pas conduire. On va prendre le métro. Le trajet dure seulement 20 minutes.

**Jessica :** Vous avez raison !

**Laëtitia :** Et puis je prends le métro pour aller travailler tous les jours, alors je suis habituée maintenant.

**Jessica :** Votre mère vit déjà en ville, c'est ça ?

**Laëtitia :** Oui, elle y vit depuis environ dix ans.

**Jessica :** Passez un très bon week-end en famille !

# Visiting family

**Laëtitia :** Jessica, your husband has a very nice car.

**Jessica :** Thank you. It's much better than mine and it's brand new. Where are you going this weekend ?

**Laëtitia :** We're going to visit my sister in town.

**Jessica :** I didn't know your sister lived in town, when did she move ?

**Laëtitia :** About a year ago. She lives in an apartment downtown, across from the library.

**Jessica :** I see. It's almost 5 :00 now, don't you think there will be a lot of traffic ?

**Laëtitia :** Oh, we're not driving. We'll take the subway. The ride is only 20 minutes.

**Jessica :** You're right !

**Laëtitia :** And then I take the subway to work every day, so I'm used to it by now.

**Jessica :** Your mother already lives in the city, right ?

**Laëtitia :** Yes, she's been living there for about ten years.

**Jessica :** Have a great weekend with your family !

# 56 : Des vacances dans le Sud

**Etienne :** Tu es allée où en vacances ?

**Maxime :** L'année dernière, je suis allé dans le sud de la France.

**Etienne :** Pourquoi t'as choisi cette destination ?

**Maxime :** J'aime voyager et le soleil. Je voulais visiter Nice, Toulon et Marseille depuis des années.

**Etienne :** Combien de temps tu es resté ?

**Maxime :** 2 semaines. Je suis resté avec des amis. On s'est beaucoup amusé et on a bien profité.

**Etienne :** Le voyage n'était pas trop long ?

**Maxime :** Non. Au départ, on voulait y aller en voiture, mais finalement, on a décidé de prendre le train. Ça nous a fait gagner beaucoup de temps.

**Etienne :** C'est quoi la ville que tu as préférée ?

**Maxime :** Je crois que c'est Nice. Les gens étaient vraiment très accueillants. On a aussi adoré les paysages. Mes copains étaient contents d'être venus.

**Etienne :** Moi aussi, tu me donnes très envie d'y aller !

# Holidays in the South

**Etienne** : Where did you go on vacation ?

**Maxime** : Last year, I went to the South of France.

**Etienne** : Why did you choose this destination ?

**Maxime** : I like traveling and the sun. I wanted to visit Nice, Toulon and Marseille for years.

**Etienne** : How long did you stay ?

**Maxime** : 2 weeks. I stayed with friends. We had a lot of fun and we enjoyed ourselves.

**Etienne** : The trip was not too long ?

**Maxime** : No. At the beginning, we wanted to go by car, but finally, we decided to take the train. It saved us a lot of time.

**Etienne** : What was your favorite city ?

**Maxime** : I think it was Nice. People were really very welcoming. We also loved the landscapes. My friends were happy to have come.

**Etienne** : Me too, you make me want to go there !

# 57 : Aller à la bibliothèque

**Jean :** Lisa, tu veux venir à la bibliothèque avec moi ?

**Lisa :** Tu crois qu'on peut d'abord aller acheter le journal ?

**Jean :** Bien sûr. On va d'abord acheter le journal, puis on ira à la bibliothèque.

**Lisa :** On y va à pied ou en voiture ?

**Jean :** Il fait vraiment beau aujourd'hui. Allons-y à pied.

**Lisa :** Il fait beau maintenant, mais je pense qu'il va pleuvoir cet après-midi.

**Jean :** D'accord, alors on prend un parapluie.

**Lisa :** Comment on se rend à la bibliothèque ?

**Jean :** C'est au bout de cette route, à gauche, à côté du musée. Ça prend environ 10 minutes. Tu pourras emprunter 5 livres et 4 CD.

**Lisa :** Super ! Je voulais lire de nouvelles choses justement. J'en profiterai pour renouveler mon abonnement.

**Jean :** Pense bien à prendre ta carte.

**Lisa :** Oui je n'oublierai pas. Je demanderai à la bibliothécaire si elle peut m'aider à trouver un livre que je cherche depuis longtemps.

# Going to the library

**Jean** : Lisa, do you want to go to the library with me ?

**Lisa** : Do you think we can go buy the newspaper first ?

**Jean** : Sure. We'll buy the paper first, then we'll go to the library.

**Lisa** : Do we walk or drive ?

**Jean** : It's a really nice day. Let's walk.

**Lisa** : It's nice now, but I think it's going to rain this afternoon.

**Jean** : Okay, then we'll take an umbrella.

**Lisa** : How do we get to the library ?

**Jean** : It's at the end of this road, on the left, next to the museum. It takes about 10 minutes. You can borrow 5 books and 4 CDs.

**Lisa** : Great ! I wanted to read new things. I'll take the opportunity to renew my subscription.

**Jean** : Don't forget to take your card.

**Lisa** : Yes, I won't forget. I'll ask the librarian if she can help me find a book I've been looking for.


# 58 : Laisser un message à quelqu'un

**Damien :** Bonjour. Je suis bien au cabinet de dentistes de la rue Garibaldi ?

**Secrétaire :** Bonjour, Monsieur. Oui, complètement. Comment puis-je vous aider ?

**Damien :** Est-ce que je peux parler à M. Dupont s'il vous plaît ?

**Secrétaire :** M. Dupont n'est pas disponible pour le moment. Il est en rendez-vous avec une patiente.

**Damien :** Est-ce que je peux laisser un message ?

**Secrétaire :** Bien sûr. Je prends un stylo.

**Damien :** Merci. Il faudrait demander à M. Dupont d'appeler M. Kelleher. N'importe quand aujourd'hui ou demain. C'est mon père, il a un problème et s'est fait soigner par ce docteur la dernière fois qu'il est venu au cabinet. C'est assez urgent.

**Secrétaire :** C'est noté, je lui fais passer le message dès qu'il sort de son rendez-vous. Je lui dirai de vous rappeler rapidement. Vous pouvez me redire votre nom ?

**Damien :** Damien Kelleher.

**Secrétaire :** Merci, passez une bonne journée.

**Damien :** Je vous remercie.

# Leave a message for someone

**Damien :** Hello. Is this the dentist's office on Garibaldi Street ?
**Secretary :** Hello, sir. Yes, I am. How can I help you ?
**Damien :** Can I speak to Mr. Dupont please ?
**Secretary :** Mr. Dupont is not available at the moment. He is in an appointment with a patient.
**Damien :** Can I leave a message ?
**Secretary :** Sure. I'll take a pen.
**Damien :** Thank you. I would like to ask Mr. Dupont to call Mr. Kelleher. Anytime today or tomorrow. It's my father, he has a problem and was treated by this doctor the last time he was in the office. It's quite urgent.
**Secretary :** I'll give him the message as soon as he gets out of his appointment. I'll tell him to call you back quickly. Can you tell me your name again ?
**Damien :** Damien Kelleher.
**Secretary :** Thank you, have a nice day.
**Damien :** Thank you.

# 59 : Acheter son ticket de train

**Luc :** Est-ce que je peux avoir un billet de train s'il vous plaît ?
**Agent :** Oui, bien sûr.
**Luc :** J'ai besoin d'un billet aller-retour Lille-Paris. Je pars samedi et je reviens jeudi prochain.
**Agent :** Je peux vous proposer un aller-retour hebdomadaire. C'est un peu moins cher qu'un aller-retour ordinaire. C'est 25 euros.
**Luc :** Je peux prendre tous les trains que je veux avec ce billet ?

**Agent :** Eh bien, il n'y a aucune restriction, sauf pour le retour ; le vendredi, vous avez dit, c'est ça ?

**Luc :** Non, jeudi.

**Agent :** Jeudi. Eh bien, il y a des restrictions pour revenir le jeudi. Si vous revenez par le train de 6 h 45, vous n'aurez pas à payer de supplément, mais si vous revenez par le train de 6 h 15, vous devrez payer un supplément, soit environ... trois euros cinquante de plus.

**Luc :** Bon, je vais prendre le moins cher alors.

**Agent :** Retour hebdomadaire de Lille à Paris. Un adulte, 25 euros. Et vous voyagez le... ?

**Luc :** Samedi 21.

**Agent :** Voici vos billets.

**Luc :** Merci.

# Buying a train ticket

**Luc** : Can I have a train ticket please ?

**Agent** : Yes, of course.

**Luc** : I need a round trip ticket from Lille to Paris. I'm leaving on Saturday and coming back next Thursday.

**Agent** : I can offer you a weekly return ticket. It's a little cheaper than a regular round trip. It's 25 euros.

**Luc** : Can I take any train I want with this ticket ?

**Agent** : Well, there's no restriction, except for the return; Friday, you said, right ?

**Luc** : No, Thursday.

**Agent** : Thursday. Well, there are restrictions on coming back on Thursday. If you come back on the 6 :45 train, you don't have to pay extra, but if you come back on the 6 :15 train, you have to pay extra, which is about... three euros and a half extra.

**Luc** : Well, I'll take the cheapest one then.

**Agent** : Weekly return from Lille to Paris. An adult, 25 euros. And you travel on... ?

**Luc** : Saturday the 21st.
**Agent** : Here are your tickets.
**Luc** : Thank you.

# 60 : Voyage en famille

**Camille :** David, qu'est-ce que tu as fait dernièrement ?
**David :** Je suis parti en voyage avec ma famille la semaine dernière.
**Camille :** Vraiment ? Tu es allé où ?
**David :** On a décidé de visiter quelques villes du nord de l'Europe. Mes parents partent en Espagne et en Italie d'habitude.
**Camille :** Dans quelles villes vous êtes allés ?
**David :** Londres, Paris et quelques autres villes plus petites aux alentours. C'était la première fois que j'allais à Londres, j'aimerais y retourner.
**Camille :** Vous êtes allés à Berlin ?
**David :** Non, on n'y est pas allés. J'aimerais y aller une prochaine fois.
**Camille :** Je pense que l'été est une bonne période pour visiter Berlin. Il y a des touristes, mais au moins, il ne pleut pas.
**David :** C'est un endroit magnifique et les gens y sont très gentils. C'est ce que j'ai entendu dire.
**Camille :** J'y suis allé l'année dernière. Si tu veux, je pourrai te donner les bonnes adresses.
**David :** Merci.

# Family trip

**Camille :** David, what have you been doing lately ?
**David :** I went on a trip with my family last week.
**Camille :** Really ? Where did you go ?
**David :** We decided to visit some cities in Northern Europe. My parents

usually go to Spain and Italy.

**Camille** : What cities did you go to ?

**David** : London, Paris and a few other smaller cities around. It was the first time I went to London, I would like to go back.

**Camille** : Have you been to Berlin ?

**David** : No, we didn't go. I'd like to go next time.

**Camille** : I think summer is a good time to visit Berlin. There are tourists, but at least it doesn't rain.

**David** : It's a beautiful place and the people are very nice. That's what I've heard.

**Camille** : I went there last year. If you want, I can give you good addresses.

**David** : Thank you.

# 61 : Payer un dîner

**Manuel :** Excusez-moi. Est-ce que je peux avoir l'addition, s'il vous plaît ?

**Serveur :** Bien sûr, comment s'est passé votre repas ?

**Manuel :** Très bien. Merci. Vous pourrez remercier le chef. L'entrée et le plat étaient délicieux. Je n'ai pas pu manger toute la pizza par contre. Elle était très copieuse.

**Serveur :** Vous voulez ramener vos dernières parts ?

**Manuel :** Oui, vous pouvez les mettre dans une boîte à pizza ?

**Serveur :** Bien sûr, pas de problème. Voilà. Ça fera 25 euros.

**Manuel :** Vous acceptez les cartes de crédit ?

**Serveur :** Oui, on accepte Visa et MasterCard.

**Manuel :** Super.

**Serveur :** Merci. Je reviens tout de suite avec le lecteur de cartes de crédit.

Voici votre reçu.

**Manuel :** Merci beaucoup. Je veux vous laisser un pourboire, vous avez été très sympathique.

**Serveur :** Je vous remercie, c'est très gentil. Il n'y a pas de quoi. Revenez nous voir si vous passez par ici !

# Paying for dinner

**Manuel** : Excuse me. Can I have the bill, please ?

**Waiter** : Sure, how was your meal ?

**Manuel** : Very good. Thank you. You can thank the chef. The appetizer and the main course were delicious. I didn't get to eat all the pizza though. It was very hearty.

**Waiter** : Do you want to take home your last slices ?

**Manuel** : Yes, can you put them in a pizza box ?

**Waiter** : Sure, no problem. Here you go. That will be 25 euros.

**Manuel** : Do you accept credit cards ?

**Waiter** : Yes, we accept Visa and MasterCard.

**Manual** : Great.

**Waiter** : Thank you. I'll be right back with the credit card reader. Here is your receipt.

**Manuel** : Thank you very much. I want to leave you a tip, you were very nice.

**Waiter** : Thank you, that's very kind. You're welcome. Come back and see us if you come by !

# 62 : Travailler avec un ordinateur

**Jasmine :** Bonjour Cédric, désolé de te déranger. J'ai une question à te poser.

**Cédric :** Oui, qu'est-ce qu'il y a ?

**Jasmine :** J'ai un problème avec mon ordinateur. Je sais que tu es ingénieur, alors j'ai pensé que tu pourrais m'aider.

**Cédric :** Je vois. C'est quoi le problème ?

**Jasmine :** J'ai un fichier que je n'arrive pas à ouvrir pour une raison que j'ignore.

**Cédric :** De quel type de fichier il s'agit ?

**Jasmine :** C'est un document Word sur lequel j'ai travaillé. Je dois le terminer pour demain.

**Cédric :** Est-ce que tu pouvais l'ouvrir avant ?

**Jasmine :** Oui, je travaillais dessus hier soir et tout allait bien, mais ce matin, je n'ai pas pu ouvrir le fichier.

**Cédric :** Tu penses qu'il pourrait y avoir un virus sur ton ordinateur ?

**Jasmine :** Non, j'ai vérifié.

**Cédric :** Envoie-moi le document par mail, je pourrais t'aider à trouver l'origine du problème.

**Jasmine :** D'accord, je le ferai en rentrant chez moi. Tu seras dans le coin ce soir ?

**Cédric :** Oui, je serai chez moi après 20 heures.

# Working with a computer

**Jasmine :** Hi Cédric, sorry to bother you. I have a question to ask you.

**Cédric :** Yes, what is it ?

**Jasmine :** I have a problem with my computer. I know you're an engineer, so I thought you could help me.

**Cédric :** I see. What's the problem ?

**Jasmine :** I have a file that I can't open for some reason.

**Cédric :** What kind of file is it ?

**Jasmine :** It's a Word document I've been working on. I have to finish it by tomorrow.

**Cédric :** Could you open it first ?

**Jasmine :** Yes, I was working on it last night and everything was fine, but this morning I couldn't open the file.

**Cédric :** Do you think there could be a virus on your computer ?

**Jasmine :** No, I checked.

**Cédric** : Send me the document by e-mail, I could help you to find the origin of the problem.

**Jasmine** : Okay, I'll do it when I get home. Will you be around tonight ?

**Cédric** : Yes, I'll be home after 8pm.

# 63 : Trouver un magasin de proximité

**Anthony** : Sarah, qu'est-ce que tu as fait aujourd'hui ?

**Sarah** : Je suis allée faire du shopping.

**Anthony** : Tu as acheté quelque chose ?

**Sarah** : Oui, j'ai acheté quelques trucs.

**Anthony** : Qu'est-ce que tu as acheté ?

**Sarah** : J'ai acheté ce manteau. Tu le trouves beau ?

**Anthony** : Oui, j'aime beaucoup. Il est très joli. Tu l'as acheté où ?

**Sarah** : Dans la nouvelle boutique du centre commercial.

**Anthony** : Il était cher ?

**Sarah** : Non, ce n'était pas cher. Il était en réduction pour 20 euros.

**Anthony** : Ce n'est pas cher.

**Sarah** : Je sais. C'était une très bonne affaire.

**Anthony** : Je ne pense pas que tu aies besoin de le porter pendant un moment. Il fait vraiment chaud ces derniers temps.

**Sarah** : Je suis d'accord. C'est un investissement pour cet hiver. Tu aimes bien faire du shopping Anthony ?

**Anthony** : J'adore découvrir les nouveaux magasins de proximité près de chez moi.

## Find a local store

**Anthony** : Sarah, what did you do today ?

**Sarah** : I went shopping.

**Anthony** : Did you buy anything ?

**Sarah** : Yes, I bought a few things.

**Anthony** : What did you buy ?

**Sarah** : I bought this coat. Do you think it's nice ?

**Anthony** : Yes, I really like it. It's very nice. Where did you buy it ?

**Sarah** : At the new store in the mall.

**Anthony** : Was it expensive ?

**Sarah** : No, it wasn't expensive. It was on sale for 20 euros.

**Anthony** : That's not expensive.

**Sarah** : I know. It was a really good deal.

**Anthony** : I don't think you need to wear it for a while. It's been really hot lately.

**Sarah** : I agree. It's an investment for this winter. Do you like to shop, Anthony ?

**Anthony** : I love discovering new convenience stores near me.

# 64 : Acheter un médicament

**Pharmacien** : Bonjour. Qu'est-ce que je peux faire pour vous ?

**Client :** Bonjour, j'ai cette ordonnance.

**Pharmacien** : Laissez-moi voir. Voilà votre médicament.

**Client :** Merci. Vous pouvez me dire comment je dois l'utiliser ?

**Pharmacien** : Bien sûr ! Vous devez prendre ces pilules une fois par jour avant de vous endormir.

Client : D'accord, pendant combien de temps je dois les prendre ?

**Pharmacien :** Dix jours. Vous devez finir tout le paquet. Si vous oubliez de le prendre le soir, vous devez en prendre deux le matin.

**Client :** D'accord, est-ce que je peux le prendre avec de l'aspirine ?

**Pharmacien :** Non, vous ne pouvez pas prendre d'aspirine pendant que vous êtes sous ce traitement, aucun analgésique n'est autorisé.

**Client :** Je vois, est-ce qu'il y a des effets secondaires ?

**Pharmacien :** Il est recommandé d'éviter les activités physiques exigeantes après avoir pris ce médicament et de conduire.

**Client :** Oh, maintenant je vois pourquoi je devrais le prendre avant de m'endormir.

**Pharmacien :** Exactement !

**Client :** Merci de votre aide. Passez une bonne journée.

**Pharmacien :** Merci, vous aussi.

# Buying a drug

**Pharmacist** : Hello. What can I do for you ?

**Client** : Hello, I have this prescription.

**Pharmacist** : Let me see. Here is your medication.

**Client** : Thank you. Can you tell me how I should use it ?

**Pharmacist** : Of course ! You should take these pills once a day before you go to sleep.

**Client** : Okay, how long should I take them for ?

**Pharmacist** : Ten days. You have to finish the whole package. If you forget to take it at night, you have to take two in the morning.

**Client** : Okay, can I take it with aspirin ?

**Pharmacist** : No, you can't take aspirin while you're on this, no painkillers are allowed.

**Client** : I see, are there any side effects ?

**Pharmacist** : It is recommended that you avoid strenuous activity after taking this medication and that you avoid driving.

**Client** : Oh, now I see why I should take it before I go to sleep.

**Pharmacist** : Exactly !

**Client** : Thank you for your help. Have a nice day.

**Pharmacist** : Thanks, you too.

# 65 : Avoir des allergies

**Sophie :** Patrick, pourquoi tu ne m'as pas appelé hier soir ? J'étais inquiète pour toi.

**Patrick :** Désolé, j'étais malade. Je me suis couché plus tôt que d'habitude.

**Sophie :** Qu'est-ce qui ne va pas ?

**Patrick :** Je toussais beaucoup et mes yeux étaient vraiment secs.

**Sophie :** Tu vas mieux maintenant ?

**Patrick :** Oui, je me sens beaucoup mieux. Beaucoup mieux qu'hier.

**Sophie :** Tu as des allergies ?

**Patrick :** Oui. La dernière fois que je suis allé chez le médecin, il a fait des tests et m'a dit que j'avais des allergies. C'est pire au printemps quand il y a beaucoup de pollen dans l'air.

**Sophie :** À quelle heure tu t'es réveillé ce matin ?

**Patrick :** Vers 9 h 30.

**Sophie :** Tu vas travailler aujourd'hui ?

**Patrick :** Non. Je pense que je vais rester à la maison et regarder la télévision. Je vais essayer de travailler à la maison pour ne pas prendre de retard.

**Sophie :** Bien. Repose-toi et je t'apporterai à manger plus tard.

**Patrick :** Merci.

# Having allergies

**Sophie :** Patrick, why didn't you call me last night ? I was worried about you.

**Patrick :** Sorry, I was sick. I went to bed earlier than usual.

**Sophie :** What's wrong ?

**Patrick :** I was coughing a lot and my eyes were really dry.

**Sophie :** Are you feeling better now ?

**Patrick :** Yes, I feel much better. Much better than yesterday.

**Sophie** : Do you have allergies ?

**Patrick** : Yes. The last time I went to the doctor, he did some tests and told me I had allergies. It's worse in the spring when there's a lot of pollen in the air.

**Sophie** : What time did you wake up this morning ?

**Patrick** : About 9 :30.

**Sophie** : Are you going to work today ?

**Patrick** : No. I think I'll stay home and watch TV. I'll try to work at home so I don't fall behind.

**Sophie** : Good. Get some rest and I'll bring you some food later.

**Patrick** : Thank you.


# 66 : Regarder des photos de vacances

**Aurélie :** Antoine, j'ai entendu dire que tu as fait un voyage à Barcelone. C'est bien ça ?

**Antoine :** Oui, je suis rentré ce matin.

**Aurélie :** Ça avait l'air vraiment sympa sur les photos que tu as postées. Qu'est-ce que vous avez fait là-bas ?

**Antoine :** Eh bien, on est restés trois jours, alors on n'a pas fait grand-chose. On a fait du shopping et on est sortis dîner quelques fois. Le soir, on s'est promenés dans la ville avec des amis.

**Aurélie :** Tu as pris d'autres photos ?

**Antoine :** Oui, je les ai avec moi. Tu veux les regarder ?

**Aurélie :** Bien sûr, j'adore regarder les photos.

**Antoine :** Là, c'est ma femme et moi sur la plage, et sur celle-ci, c'est notre fille Émilie debout à côté de ma femme.

**Aurélie :** Ta fille ressemble à sa mère.

**Antoine :** Je sais, elles se ressemblent beaucoup.

**Aurélie :** Où est-ce que cette photo a été prise ?

**Antoine :** Elle a été prise à la gare avant qu'on parte.

**Aurélie :** C'est un beau souvenir !

# Looking at vacation photos

**Aurélie** : Antoine, I heard that you went to Barcelona. Is that right ?
**Antoine** : Yes, I got back this morning.
**Aurélie** : It looked really nice in the pictures you posted. What did you do there ?
**Antoine** : Well, we stayed for three days, so we didn't do much. We did some shopping and went out to dinner a few times. In the evening, we walked around the city with some friends.
**Aurélie** : Did you take any other pictures ?
**Antoine** : Yes, I have them with me. Do you want to look at them ?
**Aurélie** : Sure, I love looking at pictures.
**Antoine** : This is my wife and I on the beach, and this one is our daughter Emily standing next to my wife.
**Aurélie** : Your daughter looks just like her mother.
**Antoine** : I know, they look a lot alike.
**Aurélie** : Where was this picture taken ?
**Antoine** : It was taken at the train station before we left.
**Aurélie** : It's a nice souvenir !

# 67 : Commander des fleurs

**Fleuriste :** Bonjour, comment puis-je vous aider ?
**Théo :** Bonjour, j'aimerais commander des fleurs.
**Fleuriste :** Pour qui sont-elles ?
**Théo :** Elles sont pour ma femme. Elle s'appelle Samantha.
**Fleuriste :** Quel genre de fleurs voulez-vous ?
**Théo :** Je ne sais pas. Je ne m'y connais pas trop en fleurs. Vous pouvez me recommander quelque chose ?
**Fleuriste :** Pour quelle occasion voulez-vous lui envoyer des fleurs ?
**Théo :** C'est son anniversaire aujourd'hui et elle m'a dit qu'elle voulait

que je lui achète des fleurs.

**Fleuriste :** Vous savez quel genre de fleurs elle aime ?

**Théo :** Je n'en suis pas sûr.

**Fleuriste :** Eh bien, si elles sont pour votre femme, donc je pense que vous devriez lui offrir des roses.

**Théo :** Des roses, ça ira.

**Fleuriste :** De quelle couleur ?

**Théo :** Je pense que du rouge serait bien.

**Fleuriste :** Vous voulez les récupérer ou vous préférez qu'elles soient livrées ?

**Théo :** Vous pouvez les livrer, s'il vous plaît ?

**Fleuriste :** À quelle adresse ?

**Théo :** 241 rue du Beau Repaire.

**Fleuriste :** D'accord, elles arriveront dans 2 heures environ.

# Ordering flowers

**Florist :** Hello, how can I help you ?

**Théo :** Hello, I would like to order some flowers.

**Florist :** Who are they for ?

**Théo :** They are for my wife. Her name is Samantha.

**Florist :** What kind of flowers do you want ?

**Théo :** I don't know. I don't know much about flowers. Can you recommend something ?

**Florist :** What's the occasion you want to send her flowers for ?

**Théo :** It's her birthday today and she told me she wanted me to buy her flowers.

**Florist :** Do you know what kind of flowers she likes ?

**Théo :** I'm not sure.

**Florist :** Well, if they're for your wife, then I think you should get her roses.

**Théo :** Roses are fine.

**Florist :** What color ?

**Théo :** I think red would be nice.

**Florist :** Do you want them back or would you prefer them delivered ?

**Théo :** Can you deliver them, please ?

**Florist :** What's the address ?

**Théo :** 241 Rue du Beau Repaire.

**Florist :** Okay, they'll arrive in about two hours.

# 68 : Perdre ses bagages

**Ben :** Bonjour, Air France, comment puis-je vous aider ?

**Anna :** Bonjour, j'ai perdu mes valises.

**Ben :** Très bien, vous pouvez me donner votre nom ?

**Anna :** Je m'appelle Anna Gauthier.

**Ben :** De quelle couleur sont vos valises ?

**Anna :** Une de mes valises est grise et l'autre est bleue.

**Ben :** Votre nom est écrit sur les valises ?

**Anna :** Oui, mon nom est écrit sur les deux valises. Je ne sais pas comment elles se sont perdues.

**Ben :** Elles ont probablement été perdues sur le tapis roulant, mais on va les retrouver grâce au code d'enregistrement et je vous rappellerai. Vous pouvez me décrire le contenu de vos valises ?

**Anna :** L'une d'elles contient des chaussures de soirée et des robes de soirée noires et blanches. L'autre valise ne contient que des jupes roses, des chaussures de tennis et des chemisiers bleus et blancs.

**Ben :** Très bien, on vous rappelle dès qu'on a trouvé vos valises.

# Losing your luggage

**Ben :** Hello, Air France, how can I help you ?

**Anna :** Hi, I lost my luggage.

**Ben :** Okay, can you tell me your name ?

**Anna :** My name is Anna Gauthier.

**Ben :** What color are your suitcases ?

**Anna :** One of my suitcases is gray and the other is blue.

**Ben :** Is your name written on the suitcases ?

**Anna :** Yes, my name is written on both suitcases. I don't know how they got lost.

**Ben :** They probably got lost on the conveyor belt, but we'll find them with the registration code and I'll call you back. Can you describe the contents of your suitcases ?

**Anna :** One suitcase contains black and white formal shoes and dresses. The other suitcase contains only pink skirts, tennis shoes and blue and white blouses.

**Ben :** All right, we'll call you back as soon as we find your suitcases.


# 69 : Prendre un taxi

**Alexandra :** Taxi, s'il vous plaît !

**Jonathan :** Bonjour Madame, où vous voulez aller ?

**Alexandra :** Je voudrais aller à Marne-la-Vallée, s'il vous plaît. J'ai deux questions pour vous : quel est le prix pour la course et quand est-ce qu'on arrivera ?

**Jonathan :** Le voyage coûte soixante-cinq euros et l'heure d'arrivée est estimée à trente minutes.

**Alexandra :** Très bien. On part maintenant, s'il vous plaît.

**Jonathan :** Bien sûr. Vous venez pour le travail ou pour des vacances ? Il y a le parc Disneyland Paris à Marne-la-Vallée.

**Alexandra :** Je viens pour le travail.

**Jonathan :** Ah... Très bien et d'où vous venez ?

**Alexandra :** J'habite dans le sud de la France.

**Jonathan :** Dans le Sud ? Je comprends mieux votre accent ! Vous venez de quelle ville ?

**Alexandra :** De Marseille. Vous connaissez Marseille ?

**Jonathan :** Non, je suis allé à Nice l'année dernière. J'aime beaucoup cette région, elle est très belle.

**Alexandra :** Je suis d'accord.

**Jonathan :** Eh bien, nous y sommes.

**Alexandra :** Merci beaucoup. Gardez la monnaie.

**Jonathan :** Merci. Passez une bonne journée.

# Taking a cab

**Alexandra :** Cab, please !

**Jonathan :** Hello, Madam, where do you want to go ?

**Alexandra :** I would like to go to Marne-la-Vallée, please. I have two questions for you : how much is the fare and when will we arrive ?

**Jonathan :** The trip costs sixty-five euros and the estimated arrival time is thirty minutes.

**Alexandra :** Very well. We're leaving now, please.

**Jonathan :** Of course. Are you coming for work or for a vacation ? There is the Disneyland Paris park in Marne-la-Vallée.

**Alexandra :** I'm coming for work.

**Jonathan :** Ah... Very good and where are you coming from ?

**Alexandra :** I live in the south of France.

**Jonathan :** In the South ? I understand your accent better ! What city are you from ?

**Alexandra :** From Marseille. Do you know Marseille ?

Jonathan : No, I went to Nice last year. I really like this region, it's very beautiful.

**Alexandra :** I agree.

**Jonathan :** Well, here we are.

**Alexandra :** Thank you very much. Keep the change.

**Jonathan :** Thank you. Have a great day.

# 70 : Postuler pour un emploi

**Allie :** J'ai un entretien d'embauche la semaine prochaine et je suis nerveuse !

**Nathan :** Oh vraiment ?

**Allie :** C'est pour un poste de manager dans un magasin de vêtements.

**Nathan :** Oh, manager ! C'est bien pour toi. Tu travailles dans le commerce depuis si longtemps, il est vraiment temps de passer à l'étape suivante !

**Allie :** Oui. Je suis prête pour un nouveau défi. Et un salaire plus élevé.

**Nathan :** Ce serait bien aussi ! Comment tu as découvert l'offre ?

**Allie :** Sur internet. J'ai trouvé cette offre d'emploi la semaine dernière et je leur ai envoyé mon CV et ma lettre de motivation. Ils m'ont répondu deux jours plus tard.

**Nathan :** C'est plutôt rapide ! À ton avis, qu'est-ce qu'ils vont te demander ?

**Allie :** Probablement de parler de mon expérience dans le service client, les difficultés que j'ai rencontrées au travail et comment je les ai surmontées. Ils vont peut-être me donner quelques scénarios et me demander de leur dire ce que je ferais. Je me suis entraînée à toutes ces réponses.

**Nathan :** C'est bien. Je pense que tu vas bien t'en sortir !

# Applying for a job

**Allie :** I have a job interview next week and I'm nervous !

**Nathan :** Oh really ?

**Allie :** It's for a manager position in a clothing store.

Oh, manager ! That's good for you. You've been in business for so long, it's really time to take the next step !

**Allie :** Yes. I'm ready for a new challenge. And a higher salary.

**Nathan :** That would be nice too ! How did you find out about the offer ?

**Allie** : On the Internet. I found this job offer last week and sent them my resume and cover letter. They got back to me two days later.

**Nathan** : That's pretty fast ! What do you think they will ask you ?

**Allie** : Probably to talk about my experience in customer service, the difficulties I encountered at work and how I overcame them. Maybe they'll give me some scenarios and ask me to tell them what I would do. I've been practicing all these answers.

**Nathan** : That's good. I think you'll do well !

# 71 : Aller à un concert

**Oliver :** Sandrine, tu aimes les concerts ?

**Sandrine :** Oui, bien sûr, j'adore !

**Oliver :** Il va y en avoir un dans notre ville d'ici un mois, tu sais qui va venir ?

**Sandrine :** Non Oliver, qui va venir ?

**Oliver :** Justin Bieber. Est-ce que tu le connais ?

**Sandrine :** Oui, oui je le connais et j'ai beaucoup entendu parler de lui.

**Oliver :** J'ai tous ses CD, j'ai même assisté à plusieurs de ses concerts.

**Sandrine :** Tu veux y retourner ? Pourquoi pas en choisir un autre ?

**Oliver :** C'est mon idole, j'aime son style de musique et les danseurs qui l'accompagnent sont excellents.

**Sandrine :** Oh, et tu as obtenu les billets ?

**Oliver :** Oui, je les ai. Ne prévois rien pour le dernier samedi de ce mois ! J'ai envie que tu viennes avec moi.

**Sandrine :** D'accord, j'ai hâte de le découvrir.

# Going to a concert

**Oliver** : Sandrine, do you like concerts ?
**Sandrine** : Yes, of course, I love them !
**Oliver** : There's going to be one in our town in a month, do you know who's coming ?
**Sandrine** : No Oliver, who is coming ?
**Oliver** : Justin Bieber. Do you know him ?
**Sandrine** : Yes, yes I know him and I've heard a lot about him.
**Oliver** : I have all his CDs, I've even been to several of his concerts.
**Sandrine** : Do you want to go back ? Why not choose another one ?
**Oliver** : He's my idol, I like his style of music and the dancers he has with him are great.
**Sandrine** : Oh, and did you get the tickets ?
**Oliver** : Yes, I got them. Don't make any plans for the last Saturday of this month ! I want you to come with me.
**Sandrine** : Okay, I'm looking forward to it.

# 72 : Quel est ce bruit ?

**Claire :** C'est quoi ce bruit ?
**Ernest :** Quel bruit ?
**Claire :** Tu n'entends pas ça ?
**Ernest :** Non...
**Claire :** On dirait une grenouille.
**Ernest :** Une grenouille ?
**Claire :** Oui.
**Ernest :** Je n'entends rien.
**Claire :** Mais c'est fort !
**Ernest :** Peut-être que tu imagines le bruit.
**Claire :** Non, peut-être que tu as juste une mauvaise ouïe !

**Ernest :** J'ai une ouïe extraordinaire.

**Claire :** Voilà ! Je l'ai encore entendu.

**Ernest :** Hmm... J'ai entendu. Tu as raison. On dirait une grenouille.

**Claire :** Je te l'avais dit !

**Ernest :** Mais on vit en ville. Il n'y a pas de grenouilles ici.

**Claire :** Peut-être que c'était l'animal de compagnie de quelqu'un et qu'il s'est échappé de chez lui.

**Ernest :** On va la chercher.

**Claire :** D'accord ! Il faut qu'on regarde dehors.

**Ernest :** Oh mon Dieu ! Je le vois ! C'est un chaton.

**Claire :** Il est trop mignon ! On peut le garder ?

**Ernest :** On va l'amener chez le vétérinaire d'abord, mais pourquoi pas ! Il est adorable.

# What is that noise ?

**Claire :** What's that noise ?

**Ernest :** What noise ?

**Claire :** Can't you hear it ?

**Ernest :** No...

**Claire :** It sounds like a frog.

**Ernest :** A frog ?

**Claire :** Yes.

**Ernest :** I don't hear anything.

**Claire :** But it's loud !

**Ernest :** Maybe you're imagining the noise.

**Claire :** No, maybe you just have bad hearing !

**Ernest :** I have extraordinary hearing.

**Claire :** There ! I heard it again.

**Ernest :** Hmm... I heard it. You're right. It sounds like a frog.

**Claire :** I told you so !

**Ernest :** But we live in the city. There are no frogs here.

**Claire :** Maybe it was someone's pet and it escaped from their home.

**Ernest** : Let's go look for it.

**Claire** : Okay ! We need to look outside.

**Ernest** : Oh my God ! I see it ! It's a kitten.

**Claire** : He's so cute ! Can we keep him ?

**Ernest** : We'll take him to the vet first, but why not ! He's so cute.

# 73 : Un vol long-courrier

**Joanna** : Je n'aime pas ce vol.

**Fred :** Pourquoi ?

**Joanna** : Parce qu'il dure 10 heures !

**Fred :** Oui. Mais tu peux juste dormir.

**Joanna** : Je ne peux pas dormir dans les avions.

**Fred :** Vraiment ?

**Joanna** : Non. Et toi ?

**Fred :** Oui, je peux dormir assez bien.

**Joanna** : Je ne peux pas. Je suis trop mal à l'aise.

**Fred :** Qu'est-ce que tu fais pendant les longs vols ?

**Joanna** : Je lis des livres et je regarde des films.

**Fred :** Est-ce que tu t'ennuies ?

**Joanna :** Oui, bien sûr. Mais les avions ont de très bons films de nos jours. J'ai regardé quatre films pendant mon vol l'année dernière.

**Fred :** T'as regardé quel genre de film ?

**Joanna :** Un film d'action, deux drames et un film triste. J'essaie de ne pas regarder de films tristes en avion parce que je pleure beaucoup !

**Fred :** Vraiment ?

**Joanna** : Oui, c'est embarrassant.

**Fred :** Eh bien, parfois je ronfle quand je dors dans les avions ! Je pense que c'est plus embarrassant que de pleurer.

# A long-haul flight

**Joanna** : I don't like this flight.

**Fred** : Why ?

**Joanna** : Because it's 10 hours long !

**Fred** : Yeah. But you can just sleep.

**Joanna** : I can't sleep on planes.

**Fred** : Really ?

**Joanna** : No. Can you ?

**Fred** : Yeah, I can sleep pretty well.

**Joanna** : I can't. I'm too uncomfortable.

**Fred** : What do you do on long flights ?

**Joanna** : I read books and watch movies.

**Fred** : Are you bored ?

**Joanna** : Yes, of course. But airplanes have really good movies these days. I watched four movies on my flight last year.

**Fred** : What kind of movies did you watch ?

**Joanna** : One action movie, two dramas and one sad movie. I try not to watch sad movies on the plane because I cry a lot !

**Fred** : Really ?

**Joanna** : Yeah, it's embarrassing.

**Fred** : Well, sometimes I snore when I sleep on planes ! I think that's more embarrassing than crying.

# 74 : Faire du volontariat

**Joachim** : Bonjour Fiona, comment tu vas ? Tu as entendu parler du programme de volontariat proposé par les États-Unis ?

**Fiona** : Je vais bien merci. Non pas du tout, explique-moi.

**Joachim** : Le volontariat consiste à rester un an dans ce pays pour enseigner l'espagnol.

**Fiona :** Ça a l'air intéressant, et est-ce qu'ils paient pour ça ?

**Joachim :** Oui, ils paient, mais pas un salaire en tant que tel puisqu'il s'agit de volontariat. Mais, si tu te débrouilles bien et que le gouvernement voit que tu fais bien ton travail, tu peux opter pour un visa pour rester aux États-Unis. Qu'est-ce que tu en penses ?

**Fiona :** Ça a l'air génial, et qu'est-ce qu'on doit faire pour y aller ?

**Joachim :** Présenter son diplôme universitaire ainsi que d'autres documents à l'ambassade des États-Unis.

**Fiona :** C'est une belle opportunité. Tu m'as donné envie de poser ma candidature. On pourrait y aller ensemble !

# Volunteering

**Joachim :** Hi Fiona, how are you ? Have you heard about the volunteer program offered by the United States ?

**Fiona :** I am fine, thank you. No, not at all, explain it to me.

**Joachim :** The volunteer program is to stay in this country for a year to teach Spanish.

**Fiona :** That sounds interesting, and do they pay for it ?

**Joachim :** Yes, they pay, but not a salary as such since it's voluntary. But, if you do well and the government sees that you are doing your job well, you can opt for a visa to stay in the US. What do you think about that ?

**Fiona :** It sounds great, and what do you have to do to get there ?

**Joachim :** Submit your college degree and other documents to the U.S. Embassy.

**Fiona :** It's a great opportunity. You made me want to apply. We could go together !

# 75 : J'ai vu un fantôme

**Mehdi :** Qu'est-ce que c'est ?

**Ludivine :** Qu'est-ce que c'est quoi ?

**Mehdi :** Cette chose dans le coin ?

**Ludivine :** Quelle chose ? Je ne vois rien.

**Mehdi :** On dirait que... non... ce n'est pas possible.

**Ludivine :** Quoi ? Tu me fais peur !

**Mehdi :** On aurait dit un fantôme !

**Ludivine :** Oh, arrête. Je ne crois pas aux fantômes.

**Mehdi :** J'y crois pas non plus. Mais ça ressemblait à un fantôme.

**Ludivine :** Il ressemblait à quoi ?

**Mehdi :** Il avait la forme d'une personne, et je pouvais voir à travers.

**Ludivine :** Je ne te crois pas. Je pense que tu me fais une blague.

**Mehdi :** Je ne plaisante pas ! C'est ce que j'ai vu !

**Ludivine :** Tu l'as probablement juste imaginé.

**Mehdi :** Je ne pense pas.

**Ludivine :** ...

**Mehdi :** Quoi ?

**Ludivine :** ...oh mon Dieu.

**Mehdi :** Quoi ?

**Ludivine :** Tu vois ça ? Est-ce que tu vois ça ?

**Mehdi :** Oui ! C'est ce que j'ai vu avant !

**Ludivine :** Ça ressemble à un fantôme !

**Mehdi :** Je te l'avais dit !

**Ludivine :** Ok. Peut-être que je te crois maintenant.

**Mehdi :** Merci ! Allons-nous-en.

# I saw a ghost

**Mehdi** : What is it ?

**Ludivine** : What is it ?

**Mehdi** : That thing in the corner ?

**Ludivine** : What thing ? I don't see anything.

**Mehdi** : It looks like... no... it's not possible.

**Ludivine** : What ? You're scaring me !

**Mehdi** : It looks like a ghost !

**Ludivine** : Oh, stop it. I don't believe in ghosts.

**Mehdi** : I don't believe in them either. But it looked like a ghost.

**Ludivine** : What did it look like ?

**Mehdi** : It had the shape of a person, and I could see through it.

**Ludivine** : I don't believe you. I think you're playing a joke on me.

**Mehdi** : I'm not kidding ! That's what I saw !

**Ludivine** : You probably just imagined it.

**Mehdi** : I don't think so.

**Ludivine** : ...

**Mehdi** : What ?

**Ludivine** : ...oh my God.

**Mehdi** : What ?

**Ludivine :** Do you see that ? Do you see that ?

**Mehdi** : Yes ! That's what I saw before !

**Ludivine** : It looks like a ghost !

**Mehdi** : I told you so !

**Ludivine** : Okay. Maybe I believe you now.

**Mehdi** : Thank you ! Let's go.

# 76 : Il fait trop chaud

**Carla :** Je n'aime pas l'été.

**Louna :** Pourquoi ?

**Carla :** Il fait trop chaud.

**Louna :** Oui. Il fait particulièrement chaud dans notre ville.

**Carla :** Je veux déménager en Finlande.

**Louna :** Vraiment ?

**Carla :** Eh bien, oui. Mais je ne parle pas le finnois. Alors peut-être que je vais déménager dans le nord du Canada.

**Louna :** Je suis sûre que c'est magnifique.

**Carla :** Oui. Alors, c'est quoi ta saison préférée ?

**Louna :** J'aime l'été, en fait.

**Carla :** Vraiment ?

**Louna :** Oui, mais quand il fait trop chaud, je vais dans un endroit avec de l'air conditionné, comme le centre commercial ou un café.

**Carla :** J'essaie de ne pas aller trop souvent au centre commercial, parce que quand j'y reste longtemps, je dépense tout mon argent !

**Louna :** C'est vrai. Je laisse mes cartes de crédit à la maison quand je vais au centre commercial, comme ça, je ne dépense pas et j'ai moins chaud.

**Carla :** C'est une très bonne idée.

# It's too hot

**Carla :** I don't like summer.

**Louna :** Why ?

**Carla :** It's too hot.

**Louna :** Yes. It's especially hot in our town.

**Carla :** I want to move to Finland.

**Louna :** Really ?

**Carla :** Well, yes. But I don't speak Finnish. So maybe I'll move to northern Canada.

**Louna** : I'm sure it's beautiful.

**Carla** : Yes. So what's your favorite season ?

**Louna** : I love summer, actually.

**Carla** : Really ?

**Louna** : Yeah, but when it's too hot, I go somewhere with air conditioning, like the mall or a coffee shop.

**Carla** : I try not to go to the mall too often, because when I stay there for a long time, I spend all my money !

**Louna** : That's true. I leave my credit cards at home when I go to the mall, so I don't spend and I'm not as hot.

**Carla** : That's a really good idea.


# 77 : Quelle célébrité tu préfères ?

**Rachèle :** Justine, quelle est ta célébrité préférée ?

**Justine :** Je suis une grande fan de Miley Ray Cyrus, une chanteuse, compositrice et actrice américaine.

**Rachèle :** Je ne la connais pas bien. Je l'ai seulement vu jouer dans une série. Pourquoi tu l'admires ?

**Justine :** Eh bien, elle a mon âge, mais ce qu'elle a accompli est reconnu dans le monde entier.

**Rachèle :** Qu'est-ce qu'elle a fait de spécial ?

**Justine :** Je suis amoureuse de sa belle voix. Elle est vraiment talentueuse. Je ne peux pas m'empêcher d'écouter ses chansons encore et encore. Mes chansons préférées sont Jolene et Wrecking Ball.

**Rachèle :** Elle est connue dans le monde entier ?

**Justine :** Oui, elle l'est. C'est une idole des jeunes.

**Rachèle :** Tes amis l'aiment aussi ?

**Justine :** Oui, elles l'aiment. On adore danser ensemble sur ses musiques. Tu devrais vraiment écouter quelques-unes de ses chansons.

# What is your favorite celebrity ?

**Rachèle :** Justine, who is your favorite celebrity ?

**Justine :** I am a big fan of Miley Ray Cyrus, an American singer, songwriter and actress.

**Rachèle :** I don't know her well. I've only seen her in a show. Why do you admire her ?

**Justine :** Well, she's my age, but her accomplishments are recognized all over the world.

**Rachèle :** What did she do that was so special ?

**Justine :** I am in love with her beautiful voice. She is really talented. I can't stop listening to her songs over and over again. My favorite songs are Jolene and Wrecking Ball.

**Rachèle :** She is known all over the world ?

**Justine :** Yes, she is. She's a youth idol.

**Rachèle :** Do your friends like her too ?

**Justine :** Yes, they love her. We love dancing together to her music. You should really listen to some of her songs.

# 78 : Aller à la plage

**Michèle :** C'est une si belle journée !

**Adam :** Oui, c'est vrai. Une journée parfaite pour une promenade sur la plage !

**Michèle :** J'aime la sensation du sable sous mes pieds.

**Adam :** Moi aussi. Mais parfois le sable est chaud !

**Michèle :** C'est vrai. Mais il est agréable en ce moment. Je pense que je vais ramasser quelques coquillages.

**Adam :** Et moi je pense que je vais aller nager.

**Michèle :** Ok ! Fais attention !

**Adam :** Je n'irai pas très loin. Je veux juste nager pendant quelques minutes. Et je suis un bon nageur.

**Michèle :** Très bien.

*(Dix minutes plus tard...)*

**Adam :** C'était tellement rafraîchissant ! Tu as trouvé de beaux coquillages ?

**Michèle :** Oui, quelques-uns. L'eau était froide ?

**Adam :** C'était froid au début, mais ensuite ça faisait du bien. Les vagues étaient un peu fortes. Je vais m'asseoir sur le sable pendant un moment pour pouvoir me sécher.

**Michèle :** Ok, je vais chercher d'autres coquillages. Je serai bientôt de retour !

**Adam :** Amuse-toi bien !

# Going to the beach

**Michèle :** It's such a beautiful day !

**Adam :** Yes, it is. A perfect day for a walk on the beach !

**Michèle :** I love the feel of the sand under my feet.

**Adam :** So do I. But sometimes the sand is hot !

**Michèle :** It's true. But it's nice right now. I think I'm going to pick up some shells.

**Adam :** And I think I'll go for a swim.

**Michèle :** Okay ! Be careful !

**Adam :** I won't go very far. I just want to swim for a few minutes. And I'm a good swimmer.

**Michèle :** All right.

*(Ten minutes later...)*

**Adam :** That was so refreshing ! Did you find any nice shells ?

**Michèle :** Yes, a few. Was the water cold ?

**Adam :** It was cold at first, but then it felt good. The waves were a little strong. I'm going to sit on the sand for a while so I can dry off.

**Michèle :** Okay, I'm going to go get some more shells. I'll be back soon !

**Adam :** Have fun !

# 79 : Rencontrer un vieil ami

**Annabelle :** Bonjour, ça fait longtemps que je ne t'ai pas vu, comment tu vas ?

**Pierre :** Je vais très bien, et toi ?

**Annabelle :** Très bien, à quand remonte la dernière fois qu'on s'est vu ?

**Pierre :** Je pense que c'était il y a trois ou quatre ans.

**Annabelle :** Et qu'est-ce que tu as fait pendant tout ce temps ?

**Pierre :** J'ai étudié pour obtenir mon diplôme à l'université et j'ai travaillé.

**Annabelle :** Qu'est-ce que tu étudies ?

**Pierre :** J'étudie le génie industriel.

**Annabelle :** Je suppose que tu dois être un bon étudiant parce que tu travailles et étudies en même temps.

**Pierre :** Mon travail actuel m'aide à mettre en pratique ce que j'étudie et de cette façon, j'arrive à bien réussir mes études.

**Annabelle :** C'est une bonne chose. Est-ce que tu aimerais qu'on se retrouve comme avant et qu'on passe du temps avec nos vieux amis ?

**Pierre :** Avec plaisir !

# Meeting an old friend

**Annabelle :** Hello, I haven't seen you for a long time, how are you ?

**Pierre :** I'm very well, and you ?

**Annabelle :** Fine, when was the last time we saw each other ?

**Pierre :** I think it was three or four years ago.

**Annabelle :** And what have you been doing all this time ?

**Pierre :** I studied for my degree at the university and worked.

**Annabelle :** What are you studying ?

**Pierre :** I'm studying industrial engineering.

**Annabelle :** I guess you must be a good student because you work and study at the same time.

**Pierre :** My current job helps me to apply what I study and that way I can do well in school.

**Annabelle :** That's a good thing. Would you like us to get together like we used to and spend time with our old friends ?

**Pierre :** I would love to !


# 80 : Ma maison idéale

**Louis :** Bonjour Estelle, je veux prendre quelques idées pour une maison et j'ai besoin de ton aide. Comment serait une maison idéale pour toi ?

**Estelle :** Hmm, par où commencer ? Eh bien tout d'abord, il faut qu'elle soit dans un endroit sympa, un petit quartier tranquille. J'aime beaucoup la ville et je n'aime pas vivre à la campagne.

**Louis :** C'est vrai, tu es une fille de la ville. Donne-moi plus de détails.

**Estelle :** Il faut que ce soit une maison à deux étages, avec une piscine et un petit et modeste jardin.

**Louis :** Et qu'en est-il de l'intérieur de la maison ?

**Estelle :** J'aimerais qu'il y ait un rez-de-chaussée avec trois chambres avec une salle de bains chacune, une grande cuisine ouverte et une très jolie salle à manger.

**Louis :** Et l'étage ?

**Estelle :** Ce serait la même chose, mais avec un balcon à la place de la cuisine, tu vois ?

**Louis :** Complètement, ta maison idéale a l'air magnifique.

# My ideal house

**Louis** : Hi Estelle, I want to get some ideas for a house and I need your help. What would an ideal house look like to you ?

**Estelle** : Hmm, where to start ? Well first of all, it has to be in a nice place, a quiet little neighborhood. I really like the city and I don't like living in the country.

**Louis** : That's right, you're a city girl. Give me more details.

**Estelle** : It has to be a two-story house with a pool and a small, modest garden.

**Louis** : And what about the inside of the house ?

**Estelle** : I'd like it to have a first floor with three bedrooms with a bathroom each, a large open kitchen and a very nice dining room.

**Louis** : And the second floor ?

**Estelle** : It would be the same, but with a balcony instead of a kitchen, you know ?

**Louis** : Totally, your ideal house sounds beautiful.

# 81 : Retourner un article

**Charlotte :** Bonjour, comment puis-je vous aider ?

**Esteban :** Je voudrais rendre cette chemise.

**Charlotte :** Ok. Il y avait un problème avec la chemise ?

**Esteban :** Oui. J'ai remarqué après l'avoir achetée qu'il y avait un petit trou sur la manche droite.

**Charlotte :** Je vois. Je suis désolé de l'apprendre. Vous avez le reçu ?

**Esteban :** Non. C'est le problème. J'ai jeté le reçu.

**Charlotte :** Oh, je vois. Eh bien, l'étiquette du prix est toujours dessus, donc c'est bien. Habituellement, on demande le reçu pour les retours. Mais comme il y a eu un problème avec la chemise et que l'étiquette de prix est toujours dessus, c'est bon.

**Esteban :** Merci beaucoup.

**Charlotte :** Vous avez la carte de crédit que vous avez utilisée pour acheter la chemise ?

**Esteban :** Oui, la voici.

**Charlotte :** Merci. Vous pouvez insérer la carte ici et signer juste là sur l'écran.

**Esteban :** L'argent sera versé sur ma carte ?

**Charlotte :** Oui. Vous serez remboursé dans les 24 heures. Vous voulez un reçu ?

**Esteban :** Oui, s'il vous plaît !

# Return an item

**Charlotte :** Hello, how can I help you ?

**Esteban :** I would like to return this shirt.

**Charlotte :** Okay. Was there a problem with the shirt ?

**Esteban :** Yes. I noticed after I bought it that there was a small hole on the right sleeve.

**Charlotte :** I see. I'm sorry to hear that. Do you have the receipt ?

**Esteban :** No. That's the problem. I threw away the receipt.

**Charlotte :** Oh, I see. Well, the price tag is still on it, so that's good. Usually, we ask for the receipt for returns. But since there was a problem with the shirt and the price tag is still on it, it's fine.

**Esteban :** Thank you very much.

**Charlotte :** Do you have the credit card that you used to buy the shirt ?

**Esteban :** Yes, here it is.

**Charlotte :** Thank you. You can insert the card here and sign right there on the screen.

**Esteban :** The money will be put on my card ?

**Charlotte :** Yes. You will be reimbursed within 24 hours. Do you want a receipt ?

**Esteban :** Yes, please !

# 82 : J'ai perdu mon sac

**Andréa :** Florent, dis-moi que tu as vu mon sac. Je n'arrive pas à le trouver !

**Florent :** Moi ? Voir ton sac ? Aucune idée.

**Andréa :** Ça fait 2 heures que je le cherche ! Je dois sortir, mais mes clés de voiture, mon argent et mes papiers sont dedans ! C'est un désastre, je ne peux pas croire que je l'ai perdu.

**Florent :** Respire, Andréa. Commence par penser à tous les endroits où tu es allée aujourd'hui.

**Andréa :** Aujourd'hui, je suis allée à l'épicerie du coin... J'ai dû la laisser là-bas. Quelle idiote je suis ! J'ai vraiment tout perdu.

**Florent :** On va appeler l'épicerie. Ils nous diront s'ils ont retrouvé un sac. Il était de quelle couleur ?

**Andréa :** C'est un sac à dos rouge. À l'intérieur, il y a ma carte d'identité. *(Au téléphone)*

**Florent :** Andréa ! C'est bon, ils ont bien ton sac.

**Andréa :** Génial, je suis tellement rassurée. On y va tout de suite.

# I lost my bag

**Andréa :** Florent, tell me you've seen my bag. I can't find it !

**Florent :** Me ? See your bag ? I have no idea.

**Andréa :** I've been looking for it for two hours ! I have to go out, but my car keys, my money and my papers are in it ! This is a disaster, I can't believe I lost it.

**Florent :** Breathe, Andréa. Start thinking about all the places you went today.

**Andréa :** Today I went to the corner store... I must have left it there. What an idiot I am ! I've really lost everything.

**Florent :** We'll call the grocery store. They'll tell us if they found a bag. What color was it ?

**Andréa :** It's a red backpack. Inside, there's my identity card.

*(On the phone)*

**Florent :** Andréa ! It's okay, they have your bag.

**Andréa :** Great, I'm so reassured. We'll go right away.

# 83 : Acheter des chaussures

**Vendeur :** Bienvenue, comment puis-je vous aider ?

**Client :** Je cherche des chaussures.

**Vendeur :** Des chaussures en particulier ?

**Client :** Je veux des chaussures de sport pour jouer au foot, vous en avez ?

**Vendeur :** Oui, bien sûr, on a tous ces modèles.

**Client :** Est-ce que vous les avez en noir et blanc ?

**Vendeur :** Oui, bien sûr, vous pouvez m'indiquer quelle taille vous voulez ?

**Client :** Taille 40, s'il vous plaît.

**Vendeur :** Les voici, essayez-les.

**Client :** Elles sont très petites. Il me faudrait du 41.

**Vendeur :** Je suis désolé, on a plus de 41 pour ce modèle. Vous voulez voir une autre paire ?

**Client :** Non merci. Je vais continuer à chercher et voir si j'aime autre chose.

**Vendeur :** On a cette paire. C'est la bonne taille et les mêmes couleurs. Il n'y a que les motifs qui sont différents.

**Client :** D'accord, laissez-moi essayer.

**Vendeur :** Qu'est-ce que vous en pensez ?

**Client :** Elles sont très jolies. Je pense que je vais les acheter.

**Vendeur :** Parfait. Suivez-moi à la caisse.

# Buy shoes

**Seller** : Welcome, how can I help you ?

**Customer** : I'm looking for shoes.

**Seller** : Any shoes in particular ?

**Customer** : I want sports shoes to play soccer, do you have any ?

**Seller** : Yes, of course, we have all these models.

**Customer** : Do you have them in black and white ?

**Seller** : Yes, of course, can you tell me what size you want ?

**Customer** : Size 40, please.

**Seller** : Here they are, try them on.

**Customer** : They are very small. I need a size 41.

**Seller** : I'm sorry, we don't have any more sizes for this model. Would you like to see another pair ?

**Customer** : No, thank you. I'll keep looking and see if I like anything else.

**Seller** : We have this pair. It's the right size and the same colors. It's just the patterns that are different.

**Customer** : Okay, let me try them on.

**Seller** : What do you think ?

**Customer** : They are very nice. I think I'll buy them.

**Seller** : Perfect. Follow me to the checkout.

# 84 : Aller voir un match de football

**Gabriel :** Emma, met la chaîne sportive, le match de football va commencer !

**Emma :** Oui ? C'est quelle chaîne ?

**Gabriel :** La chaîne six cent quatre. Ça va être génial !

**Emma :** Pour quelle équipe tu es ?

**Gabriel :** L'équipe en rouge, bien sûr. Je les soutiens depuis que je suis tout petit.

**Emma :** Pourquoi ça ?

**Gabriel :** Parce qu'ils ont de très bons joueurs de football. Ils ont gagné tellement de matchs.

**Emma :** Eh bien, je vais soutenir l'autre équipe, alors.

**Gabriel :** Hé ! Pourquoi tu vas faire ça ?

**Emma :** Pour rendre le jeu plus intéressant ! Si on décide tous les deux de soutenir la même équipe, on va s'ennuyer.

**Gabriel :** Tu verras que mon équipe va battre la tienne.

**Emma :** Je ne pense pas.

**Gabriel :** Oh, allez ! Tu as vu ça ? Ton équipe a marqué, quelle honte !

**Emma :** Je te l'avais dit. Ton équipe va perdre.

**Gabriel :** On va attendre la fin du match, on verra bien !

# Going to see a soccer game

**Gabriel :** Emma, turn on the sports channel, the soccer game is about to start !

**Emma :** Yes ? What channel is it ?

**Gabriel :** Channel six hundred and four. It's going to be great !

**Emma :** Which team are you for ?

**Gabriel :** The team in red, of course. I've been supporting them since I was a little kid.

**Emma :** Why is that ?

**Gabriel :** Because they have really good soccer players. They've won so many games.

**Emma :** Well, I'll support the other team, then.

**Gabriel :** Hey, why are you going to do that ?

**Emma :** To make the game more interesting ! If we both decide to support the same team, we'll get bored.

**Gabriel :** You'll see that my team will beat yours.

**Emma :** I don't think so.

**Gabriel :** Oh, come on ! Did you see that ? Your team scored, what a shame !

**Emma** : I told you so. Your team is going to lose.

**Gabriel** : We'll wait until the end of the game and see !

# 85 : Prendre des photos

**Maia :** Salut, Damien !

**Damien :** Salut, Maia ! Ça fait longtemps qu'on ne s'est pas vu.

**Maia :** Je sais ! Comment ça va ?

**Damien :** Plutôt bien. Et toi, ça va ?

**Maia :** Je vais bien. Oh, j'ai une question pour toi. Tu es photographe, non ?

**Damien :** Je prends des photos juste pour le plaisir. Je ne suis pas un photographe professionnel.

**Maia :** Mais tes photos ont l'air professionnelles !

**Damien :** Oh, merci ! C'est mon hobby et je le fais depuis longtemps.

**Maia :** Tu as des conseils pour prendre de bonnes photos ?

**Damien :** Qu'est-ce que tu aimes photographier ?

**Maia :** Principalement des paysages.

**Damien :** Le plus important est de faire attention à la composition de ta photo et aux couleurs. Tu peux les modifier sur ton appareil pour un plus bel effet.

**Maia :** Oh, vraiment ? C'est trop cool ! Je vais essayer.

**Damien :** Ouais, tu devrais. Bon, je dois y aller. Si tu as besoin d'autres conseils à l'avenir, fais-le moi savoir !

**Maia :** Je le ferai. Merci, Damien !

**Damien :** Pas de problème. À plus tard.

**Maia :** À plus tard !

# Taking pictures

**Maia** : Hi, Damien !

**Damien** : Hi, Maia ! It's been a long time since we've seen each other.

**Maia** : I know ! How's it going ?

**Damien** : Pretty good. How are you doing ?

**Maia** : I'm good. Oh, I have a question for you. You're a photographer, right ?

**Damien** : I take pictures just for fun. I'm not a professional photographer.

**Maia** : But your pictures look professional !

**Damien** : Oh, thanks ! It's my hobby and I've been doing it for a long time.

**Maia** : Do you have any tips on how to take good pictures ?

**Damien** : What do you like to photograph ?

**Maia** : Mostly landscapes.

**Damien** : The most important thing is to pay attention to the composition of your picture and the colors. You can change them on your camera for a better effect.

**Maia** : Oh, really ? That's so cool ! I'm going to try that.

**Damien** : Yeah, you should. Well, I gotta go. If you need any more advice in the future, let me know !

**Maia** : I will. Thanks, Damien !

**Damien** : No problem. See you later.

**Maia** : See you later !

# 86 : Faire du covoiturage

**Robert :** Hey Laurent. Tu as une minute ?

**Laurent :** Je vais à une réunion, je suis un peu pressé. Tu peux me raccompagner à ma voiture.

**Robert :** Bien sûr, ok. Je voulais juste te demander si tu étais intéressé par le covoiturage pour aller au travail. On habite qu'à quelques rues l'un de l'autre.

**Laurent :** Merci de proposer, mais je ne suis pas sûr que le covoiturage me convienne. Il m'arrive de courir tard le matin et je ne voudrais pas te retarder.

**Robert :** On n'aurait pas à faire la navette ensemble tous les jours, seulement les jours qui nous conviennent à tous les deux. Le covoiturage a aussi ses avantages. En plus de faire notre part pour l'environnement, ça nous fera gagner du temps, surtout s'il y a beaucoup d'embouteillages.

**Laurent :** Oui, je suppose que ça pourrait réduire notre temps de trajet.

**Robert :** Pourquoi je ne passerais pas te chercher demain matin ?

**Laurent :** Si ça ne te dérange pas, ce serait génial.

# Carpooling

**Robert :** Hey Laurent. Do you have a minute ?

**Laurent :** I'm on my way to a meeting, I'm in a bit of a hurry. Can you walk with me to my car.

**Robert :** Sure, ok. I just wanted to ask you if you were interested in carpooling to work. We only live a few blocks from each other.

**Laurent :** Thanks for offering, but I'm not sure carpooling is for me. I sometimes run late in the morning and I wouldn't want to delay you.

**Robert :** We wouldn't have to commute together every day, only on days that work for both of us. Carpooling also has its advantages. Besides doing our part for the environment, it will save us time, especially if there are a lot of traffic jams.

**Laurent** : Yes, I guess it could reduce our travel time.

**Robert** : Why don't I pick you up tomorrow morning ?

**Laurent** : If you don't mind, that would be great.

# 87 : Thomas a annulé la réunion

**Frédéric :** Je viens de parler à Thomas.

**Lilian :** Qu'est-ce qu'il a dit ?

**Frédéric :** Il a dit qu'il devait annuler la réunion de cet après-midi.

**Lilian :** Oh, je vois.

**Frédéric :** Il y a un problème ?

**Lilian :** Non, ce n'est pas un problème. Lui et moi on était censés parler à de nouveaux clients aujourd'hui.

**Frédéric :** Désolé d'entendre ça.

**Lilian :** C'est pas grave. Ça arrive souvent ces derniers temps.

**Frédéric :** C'est étrange. Je me demande pourquoi.

**Lilian :** Sa femme a été malade, alors parfois il doit rentrer plus tôt à la maison pour s'occuper d'elle.

**Frédéric :** Je vois. Comment se passe le travail ?

**Lilian :** Les choses sont lentes en ce moment. Je peux t'emprunter ton téléphone, le mien n'a plus de batterie et je dois appeler mon patron pour lui dire.

**Frédéric :** Oui, je vais le chercher. Il est dans la voiture.

## Thomas canceled the meeting

**Frédéric** : I just talked to Thomas.

**Lilian** : What did he say ?

**Frédéric** : He said he had to cancel the meeting this afternoon.

**Lilian** : Oh, I see.

**Frédéric** : Is there a problem ?

**Lilian** : No, it's not a problem. He and I were supposed to talk to some new clients today.

**Frédéric** : Sorry to hear that.

**Lilian** : That's okay. It's been happening a lot lately.

**Frédéric** : That's strange. I wonder why.

**Lilian** : His wife has been sick, so sometimes he has to come home early to take care of her.

**Frédéric** : I see. How is work going ?

**Lilian** : Things are slow right now. Can I borrow your phone, mine's out of battery and I have to call my boss to tell him.

**Frédéric** : Yeah, I'll get it. It's in the car.

# 88 : David a été licencié

**Alexis** : Bonjour, David. Je peux vous voir dans mon bureau ? Je veux vous parler de quelque chose.

**David** : Oui, pas de problème.

**Alexis** : Je veux vous parler de votre retard. Vous avez eu plus de trente minutes de retard sept ou huit fois récemment. On vous en a parlé et vous avez promis d'être ponctuel. Si vous continuez à être en retard, on devra vous licencier.

**David :** Je suis vraiment désolé. Je sors un peu trop.

**Alexis :** Je comprends que vous vouliez rencontrer des gens et vous amuser, mais c'est votre travail.

**David :** Est-ce que je peux arriver au travail à 8 h 30 au lieu de 8 h ? Et rester jusqu'à 5 h 30 au lieu de 5 h ?

**Alexis** : Non, David. Nos employés doivent arriver à 8 h.

**David :** Je ne pense pas que ce soit juste. Je travaille dur et j'ai beaucoup aidé l'entreprise.

**Alexis** : Oui. Mais vous devez respecter les règles comme tout le monde. Ce vendredi sera votre dernier jour.

**David :** Quoi ?

**Alexis :** Je suis désolé, vous ne pouvez plus travailler ici.

# David was fired

**Alexis :** Hello, David. Can I see you in my office ? I want to talk to you about something.

**David :** Yeah, no problem.

**Alexis :** I want to talk to you about being late. You've been over thirty minutes late seven or eight times recently. We've talked to you about it and you've promised to be on time. If you continue to be late, we will have to fire you.

**David :** I'm really sorry. I go out a little too much.

**Alexis :** I understand that you want to meet people and have fun, but this is your job.

**David :** Can I get to work at 8 :30AM instead of 8 :00AM ? And stay until 5 :30PM instead of 5 :00PM ?

**Alexis :** No, David. Our employees have to arrive at 8 :00AM.

**David :** I don't think that's fair. I work hard and I've helped the company a lot.

**Alexis :** Yes. But you have to follow the rules like everyone else. This Friday will be your last day.

**David :** What ?

**Alexis :** I'm sorry, you can't work here anymore.

# 89 : Avoir un accident de voiture

**Etienne :** Anthony, ça va ?

**Anthony :** Je vais bien maintenant, mais j'ai eu un accident de voiture ce matin.

**Etienne :** Tu t'es blessé ?

**Anthony :** Non, mais mon cou est encore un peu douloureux.

**Etienne :** Qu'est-ce qu'il s'est passé ?

**Anthony :** Je n'ai pas fait attention et j'ai heurté une voiture qui s'était arrêtée devant moi.

**Etienne :** Les personnes dans l'autre voiture vont bien ?

**Anthony :** Oui, elles vont bien. Je n'allais pas très vite.

**Etienne :** Tu avais mis ta ceinture ?

**Anthony :** Oui.

**Etienne :** La police est venue ?

**Anthony :** Oui, je les ai appelés sur mon portable juste après que c'est arrivé.

**Etienne :** Tu veux que je te ramène chez toi ?

**Anthony :** Non, je dois aller faire réparer ma voiture cet après-midi.

**Etienne :** Tu devrais passer à l'hôpital aussi pour vérifier que tout va bien.

**Anthony :** Tu as raison, je le ferai, promis.

# Having a car accident

**Etienne** : Anthony, are you okay ?

**Anthony** : I'm fine now, but I was in a car accident this morning.

**Etienne** : Did you hurt yourself ?

**Anthony** : No, but my neck is still a little sore.

**Etienne** : What happened ?

**Anthony** : I wasn't paying attention and I hit a car that stopped in front of me.

**Etienne** : Are the people in the other car okay ?

**Anthony** : Yes, they are fine. I wasn't going very fast.

**Etienne** : Were you wearing your seatbelt ?

**Anthony** : Yes.

**Etienne** : Did the police come ?

**Anthony** : Yes, I called them on my cell phone right after it happened.

**Etienne** : Do you want me to take you home ?

**Anthony** : No, I have to go get my car fixed this afternoon.

**Etienne** : You should come by the hospital too, just to make sure everything's okay.

**Anthony** : You're right, I will, I promise.

# 90 : Quelle est ta spécialité ?

**Maud :** Tu aimes cuisiner ?

**Francis :** Oui, j'aime bien. Cuisiner m'aide à me détendre après de longues heures de travail.

**Maud :** Il y a un type de nourriture que tu n'aimes pas ?

**Francis :** Je n'aime pas vraiment le poulet frit

**Maud :** Tu préfères manger au restaurant ou cuisiner à la maison ?

**Francis :** Je cuisine généralement à la maison, mais parfois, lorsque je suis occupé, je vais au restaurant.

**Maud :** Tu cuisines beaucoup ?

**Francis :** Juste quand j'ai du temps libre. Ma mère fait souvent des repas pour moi. C'est la meilleure cuisinière qui soit.

**Maud :** Quel est ton plat préféré ?

**Francis :** Je suis accro aux sushis. Je peux manger des sushis tous les jours.

**Maud :** Moi aussi j'adore les sushis, mais je ne sais pas les faire à la maison.

**Francis :** La recette est assez simple. Il faut juste du riz, des œufs, du poisson, des légumes et des algues.

**Maud :** Il faut que j'essaye. J'aimerais que ça devienne ma spécialité.

# What is your specialty ?

**Maud :** Do you like to cook ?

**Francis :** Yes, I like to cook. Cooking helps me relax after long hours of work.

**Maud** : Is there a type of food you don't like ?

**Francis :** I don't really like fried chicken

**Maud :** Do you prefer to eat out or cook at home ?

**Francis :** I usually cook at home, but sometimes when I'm busy I go to a restaurant.

**Maud :** Do you cook a lot ?

**Francis :** Just when I have free time. My mother often makes meals for me. She's the best cook there is.

**Maud** : What is your favorite food ?

**Francis :** I'm addicted to sushi. I can eat sushi every day.

**Maud** : I love sushi too, but I don't know how to make it at home.

**Francis** : The recipe is quite simple. You just need rice, eggs, fish, vegetables and seaweed.

**Maud** : I have to try it. I'd like it to become my specialty.


# 91 : Faire des visites d'appartement

**Lina :** On doit chercher un appartement.

**Vincent :** Oui. Dans quels quartiers on devrait chercher ?

**Lina :** Je pense qu'on devrait se concentrer sur le 11ᵉ arrondissement.

**Vincent :** Et le 16ᵉ ?

**Lina :** Je pense que le 16ᵉ est un beaucoup trop cher. On va regarder quelques sites web.

**Vincent :** Bonne idée.

**Lina :** Regarde cet appartement. C'est une chambre avec un grand salon. Et c'est seulement 1300 € par mois.

**Vincent :** Où il est ?

**Lina :** Juste à côté de notre magasin de décoration préféré !

**Vincent :** Oh, super ! Les chiens sont acceptés ?

**Lina :** J'espère bien !

**Vincent :** Mince ce n'est pas précisé.

**Lina :** Voici un autre appartement. Celui-là accepte les chiens.

**Vincent :** C'est quoi le loyer ?

**Lina :** C'est 1450 € par mois.

**Vincent :** C'est un peu cher.

**Lina :** Oui, c'est vrai. Mais le quartier est vraiment sympa et l'appartement a aussi deux places de parking.

**Vincent :** Oh, c'est bien. Le stationnement peut être difficile dans ce quartier ! On devrait les contacter ?

**Lina :** Oui. Je vais leur envoyer un e-mail maintenant.

# Making apartment visits

**Lina :** We have to look for an apartment.

**Vincent :** Yes. What neighborhoods should we look in ?

**Lina :** I think we should concentrate on the 11th arrondissement.

**Vincent :** What about the 16th ?

**Lina :** I think the 16th is way too expensive. We'll look at some websites.

**Vincent :** Good idea.

**Lina :** Look at this apartment. It's a one bedroom with a big living room. And it's only 1300 € per month.

**Vincent :** Where is it ?

**Lina :** Right next door to our favorite decorating store !

**Vincent :** Oh, great ! Are dogs allowed ?

**Lina :** I hope so !

**Vincent :** Gee, it doesn't say.

**Lina :** Here's another apartment. This one allows dogs.

**Vincent :** What's the rent ?

**Lina :** It's 1450 € per month.

**Vincent :** That's a bit expensive.

**Lina :** Yes, it's true. But the neighborhood is really nice and the apartment also has two parking spaces.

**Vincent :** Oh, that's good. Parking can be difficult in this neighborhood ! Should we contact them ?

**Lina :** Yes. I'll send them an email now.

# 92 : Tu as une petite amie ?

**Martin :** Justin, tu as déjà trouvé une petite amie ?

**Justin :** Non, pas encore.

**Martin :** Et Célia ?

**Justin :** Elle a un petit ami.

**Martin :** Oh, je croyais qu'ils avaient rompu.

**Justin :** Non, ils sont toujours ensemble.

**Martin :** Et cette fille du boulot dont tu me parlais l'année dernière ?

**Justin :** Qui, Émilie ? Elle est mariée maintenant. Elle s'est mariée le mois dernier.

**Martin :** Je vois. On dirait que tous les gens de notre âge sont en couple.

**Justin :** Oui, ce n'est pas facile.

**Martin :** Il y a quelqu'un qui t'intéresse ?

**Justin :** Il y a une fille que j'aime bien qui vit dans mon immeuble. Je lui parle beaucoup parce qu'elle étudie aussi l'anglais.

**Justin :** Elle est comment ?

**Martin :** Elle est très gentille et très jolie.

**Justin :** Tu l'as invitée à sortir ?

**Martin :** En fait, on va dîner ensemble vendredi. J'espère que ça va bien se passer.

**Justin :** Bonne chance !

# Do you have a girlfriend ?

**Martin :** Justin, have you found a girlfriend yet ?

**Justin :** No, not yet.

**Martin :** What about Célia ?

**Justin :** She has a boyfriend.

**Martin :** Oh, I thought they broke up.

**Justin :** No, they're still together.

**Martin :** And that girl from work you were telling me about last year ?

**Justin** : Who, Émilie ? She's married now. She got married last month.

**Martin** : I see. It seems like everyone our age is in a relationship.

**Justin** : Yes, it's not easy.

**Martin** : Is there anyone you're interested in ?

**Justin** : There's a girl I like who lives in my building. I talk to her a lot because she also studies English.

**Justin** : What is she like ?

**Martin** : She's very nice and very pretty.

**Justin** : Did you ask her out ?

**Martin** : Actually, we're going to have dinner on Friday. I hope it goes well.

**Justin** : Good luck !

# 93 : Tu as vu les nouvelles aujourd'hui ?

**Théodore :** Jean, t'as vu les nouvelles aujourd'hui ?

**Jean :** Non, qu'est-ce qui s'est passé ?

**Théodore :** Il y a eu un gros tremblement de terre à San Diego.

**Jean :** Oh mon Dieu.

**Théodore :** Le président en parlait aux infos tout à l'heure.

**Jean :** Il y a eu des blessés ?

**Théodore :** Je crois qu'ils ont dit que deux personnes avaient été tuées.

**Jean :** Oh, c'est terrible.

**Théodore :** Oui, je ne peux pas croire que tu n'en aies pas entendu parler. Ils en ont parlé sur toutes les chaînes aujourd'hui.

**Jean :** Oh, je ne regarde pas souvent la télé.

**Théodore :** Tu ne regardes pas les infos ?

**Jean :** Non, d'habitude je lis les nouvelles sur Internet, mais je n'ai pas eu le temps d'allumer mon ordinateur aujourd'hui.

# Did you see the news today ?

**Théodore :** Jean, did you see the news today ?

**Jean :** No, what happened ?

**Théodore :** There was a big earthquake in San Diego.

**Jean :** Oh my God.

**Théodore :** The president was talking about it on the news earlier.

**Jean :** Was anyone hurt ?

**Théodore :** I think they said two people were killed.

**Jean :** Oh, that's terrible.

**Théodore :** Yeah, I can't believe you didn't hear about it. They've been talking about it on every channel today.

**Jean :** Oh, I don't watch much TV.

**Théodore :** You don't watch the news ?

**Jean :** No, I usually read the news on the Internet, but I didn't have time to turn on my computer today.

# 94 : Passer le permis de conduire

**Thibault :** Mon fils passe son permis de conduire aujourd'hui.

**Joshua :** Il est nerveux ?

**Thibault :** Oui un peu.

**Joshua :** C'est normal.

**Thibault :** Je le lui ai dit. Il veut juste réussir le test pour pouvoir commencer à conduire à l'école.

**Joshua :** Est-ce qu'il a une voiture ?

**Thibault :** Non, il doit la partager avec ma femme.

**Joshua :** Vous allez lui acheter une voiture ?

**Thibault :** Non, pas encore. Il doit d'abord nous montrer qu'il est un conducteur responsable.

**Joshua :** Votre assurance automobile a beaucoup augmenté ?

**Thibault :** Oui ! Notre taux d'assurance a doublé.

**Joshua :** Tu es sérieux ?

**Thibault :** Oui. Je ne sais pas comment on pourra se payer une assurance quand mon fils cadet commencera à conduire.

**Joshua :** Ce sera quand ?

**Thibault :** Dans deux ans.

**Joshua :** Tu ferais mieux de commencer à économiser ou de demander à tes fils de travailler à temps partiel.

**Thibault :** Je crois que je préfère l'idée du travail à temps partiel.

# Passing the driver's license

**Thibault :** My son is getting his driver's license today.

**Joshua :** Is he nervous ?

**Thibault :** Yes, a little.

**Joshua :** That's normal.

**Thibault :** I told him. He just wants to pass the test so he can start driving to school.

**Joshua :** Does he have a car ?

**Thibault :** No, he has to share it with my wife.

**Joshua :** Are you going to buy him a car ?

**Thibault :** No, not yet. He has to show us that he is a responsible driver first.

**Joshua :** Has your car insurance gone up much ?

**Thibault :** Yes, our insurance rate has doubled.

**Joshua :** Are you serious ?

**Thibault :** Yes. I don't know how we'll be able to afford insurance when my youngest son starts driving.

**Joshua :** When will that be ?

**Thibault :** In two years.

**Joshua :** You better start saving or get your sons to work part-time.

**Thibault :** I think I like the idea of part-time work better.

# 95 : Qu'est-ce qu'on regarde à la télé ?

**Charles :** C'est quoi ton programme télé préféré ?

**Esther :** Eh bien, j'en regarde beaucoup, mais celle que je préfère est "Les Meilleurs Pâtissiers".

**Charles :** C'est une émission de cuisine ?

**Esther :** Oui, avec des pâtissiers amateurs. Ils sont en compétition et à la fin, un seul d'entre eux gagne le prix.

**Charles :** Ça passe tous les jours ?

**Esther :** Non, une fois par semaine. Je regarde "Les Reines du shopping" tous les jours sauf le week-end. C'est une émission amusante et j'adore faire du shopping, ça me donne des idées. Par contre, on se bat avec mon frère pour avoir la télécommande, lui préfère regarder Discovery channel.

**Charles :** Pourquoi ? C'est une chaîne américaine, non ?

**Esther :** Oui. Il aime apprendre de nouvelles choses. Il a l'impression de voyager quand il regarde cette chaîne.

# What do we watch on TV ?

**Charles :** What's your favorite TV show ?

**Esther :** Well, I watch a lot of them, but my favorite one is "Les Meilleurs Pâtissiers".

**Charles :** Is that a cooking show ?

**Esther :** Yes, with amateur pastry chefs. They compete and in the end, only one of them wins the prize.

**Charles :** Is it on every day ?

**Esther :** No, once a week. I watch "Les Reines du shopping" every day except the weekend. It's a fun show and I love shopping, it gives me ideas. However, my brother and I fight over the remote control, he prefers to watch Discovery channel.

**Charles** : Why ? It's an American channel, right ?

**Esther** : Yes. He likes to learn new things. He feels like he's traveling when he watches that channel.

# 96 : Faire un barbecue

**Eliott :** Salut, William. Comment tu vas ?

**William :** Salut, Eliott ! Je vais bien. Et toi, comment tu vas ?

**Eliott :** Bien, merci ! Tu as des projets ce week-end ?

**William :** Non. Je reste à la maison ce week-end. Et toi ?

**Eliott :** Timothée veut faire un barbecue. Tu veux venir ?

**William :** J'aimerais beaucoup ! Quand est-ce que c'est ?

**Eliott :** Samedi à midi.

**William :** Super ! Qu'est-ce que vous allez préparer ?

**Eliott :** Des hot-dogs, des hamburgers et du poulet grillé au barbecue.

**William :** Génial ! Je dois apporter quelque chose ?

**Eliott :** Oui, tu peux apporter une salade ou un dessert pour tout le monde.

**William :** Combien de personnes viennent au barbecue ?

**Eliott :** Une quinzaine.

**William :** C'est beaucoup de monde !

**Eliott :** Oui, on a invité beaucoup de nos amis.

**William :** Je peux amener un ami ?

**Eliott :** Bien sûr.

**William :** On se voit ce samedi alors ! J'ai hâte d'y être.

**Eliott :** Moi aussi. Au revoir !

**William :** À plus tard.

# Having a barbecue

**Eliott :** Hi, William. How are you doing ?

**William :** Hi, Eliott ! I'm doing great. How are you ?

**Eliott :** Good, thanks ! Do you have any plans this weekend ?

**William :** No. I'm staying home this weekend. How about you ?

**Eliott :** Timothée wants to have a barbecue. Do you want to come ?

**William :** I'd love to ! When is it ?

**Eliott :** Saturday at noon.

**William :** Great ! What are you going to make ?

**Eliott :** Hot dogs, hamburgers and barbecued chicken.

**William :** Great ! Should I bring anything ?

**Eliott :** Yes, you can bring a salad or dessert for everyone.

**William :** How many people are coming to the barbecue ?

**Eliott :** About fifteen.

**William :** That's a lot of people !

**Eliott :** Yeah, we invited a lot of our friends.

**William :** Can I bring a friend ?

**Eliott :** Sure.

**William :** See you this Saturday then ! I'm looking forward to it.

**Eliott :** Me too. Bye !

**William :** See you later.

# 97 : Aller voter

**Stéphanie :** Martin, pour qui tu vas voter ?

**Martin :** Tu veux dire pour quel président ?

**Stéphanie :** Oui.

**Martin :** Je ne suis pas encore sûr.

**Stéphanie :** Tu devrais te décider rapidement. L'élection est le mois prochain.

**Martin :** Oui, je sais. J'en entends parler tous les jours aux infos.

**Stéphanie :** Je vais voter pour Jean Dujardin.

**Martin :** Je pense que c'est un bon choix, mais je pense que Valérie Dupont ferait aussi une bonne présidente. On n'a pas encore eu de femme présidente.

**Stéphanie :** Je n'aime pas trop ses idées. C'est difficile de décider. Certains ont plus d'expérience, d'autres ont de bonnes idées, mais on ne sait jamais s'ils vont les tenir.

**Martin :** C'est vrai. C'est la raison pour laquelle je ne fais pas vraiment attention à la politique.

**Stéphanie :** Oui, ça peut être frustrant, mais c'est important de connaître les candidats pour faire le bon choix.

**Martin :** Oui, je suis content qu'on en ait parlé. On verra aux urnes !

# Going to vote

**Stéphanie :** Martin, who are you going to vote for ?

**Martin :** You mean for which president ?

**Stéphanie :** Yes.

**Martin :** I'm not sure yet.

**Stéphanie :** You should decide soon. The election is next month.

**Martin :** Yes, I know. I hear about it every day on the news.

**Stéphanie :** I'm going to vote for Jean Dujardin.

**Martin :** I think it's a good choice, but I think Valérie Dupont would also make a good president. We haven't had a woman president yet.

**Stéphanie :** I don't like her ideas very much. It's hard to decide. Some people have more experience, some people have good ideas, but you never know if they're going to follow through.

**Martin :** That's true. That's why I don't really pay attention to politics.

**Stéphanie :** Yeah, it can be frustrating, but it's important to know the candidates so you can make the right choice.

**Martin :** Yeah, I'm glad we talked about it. We'll see at the polls !

98 : Je suis inquiet pour mon père

**Benjamin :** Bonjour Ralph, je peux te parler un moment ? Je viens d'apprendre que l'usine de biscuits du centre-ville va fermer.

**Ralph :** Tu as entendu ça où ?

**Benjamin :** Sarah me l'a dit.

**Ralph :** Je ne suis pas sûre que ce soit vrai. Je n'ai rien entendu à ce sujet.

**Benjamin :** Elle a dit qu'ils avaient déjà commencé à licencier des gens. Ton père ne travaille pas là-bas ?

**Benjamin :** Oui, j'ai vraiment peur qu'il soit licencié, il a commencé à y travailler il y a trois mois. Tu penses que je devrais lui dire ?

**Ralph :** Si j'étais toi, je parlerais à ton père.

**Benjamin :** Oui, mais s'il y avait un problème, je ne pense pas qu'il me le dirait. Il n'aime pas me contrarier, mais j'aimerais vraiment savoir ce qui se passe.

**Ralph :** Alors qu'est-ce que tu vas faire ?

**Benjamin :** Tu n'es pas ami avec le président de la société ?

**Ralph :** Oui, on travaillait ensemble avant.

**Benjamin :** Tu pourrais peut-être l'appeler et voir ce qui se passe.

**Ralph :** Je l'appellerai demain matin.

**Benjamin :** Ok, merci beaucoup.

# I'm worried about my father

**Benjamin** : Hi Ralph, can I talk to you for a moment ? I just heard that the cookie factory downtown is going to close.

**Ralph** : Where did you hear that ?

**Benjamin** : Sarah told me.

**Ralph** : I'm not sure that's true. I haven't heard anything about it.

**Benjamin** : She said they've already started laying people off. Doesn't your dad work there ?

**Benjamin** : Yes, I'm really worried that he's going to get laid off, he started working there three months ago. Do you think I should tell him

?

**Ralph** : If I were you, I'd talk to your dad.

**Benjamin** : Yes, but if there was a problem, I don't think he would tell me. He doesn't like to upset me, but I'd really like to know what's going on.

**Ralph** : So what are you going to do ?

**Benjamin** : Aren't you friends with the president of the company ?

**Ralph** : Yes, we used to work together.

**Benjamin** : Maybe you could call him and see what's going on.

**Ralph** : I'll call him in the morning.

**Benjamin** : Okay, thanks a lot.

# 99 : Aller dans un aquarium

**Annie :** On va à l'aquarium aujourd'hui ?

**Éric :** C'est une bonne idée ! Lequel ?

**Annie :** L'aquarium Le Grand Bleu. C'est tout nouveau.

**Éric :** Oh, vraiment ? Cool. À quelle heure on doit partir ?

**Annie :** Partons à 9 h 30. Je veux arriver avant l'ouverture.

**Éric :** Pourquoi tu veux arriver si tôt ?

**Annie :** Parce qu'il y aura beaucoup de monde et je n'ai pas envie de faire la queue.

**Éric :** D'accord. On achète les billets en ligne ou à l'aquarium ?

**Annie :** On peut acheter des billets en ligne ou à l'aquarium, mais c'est deux euros moins cher si on les achète en ligne.

**Éric :** Oh, je vois. Achetons les billets en ligne alors.

*(À l'aquarium)*

**Éric :** On devrait aller où en premier ?

**Annie :** Allons voir les méduses !

**Éric :** D'accord ! Les méduses sont tellement cool. Mais elles sont aussi un peu effrayantes.

**Annie :** Je suis d'accord. J'aime les voir dans un aquarium. Pas dans l'océan ! Qu'est-ce qu'on va voir ensuite ?

**Éric :** J'ai envie d'aller voir les pieuvres.

# Going to an aquarium

**Annie :** Shall we go to the aquarium today ?

**Éric :** That's a good idea ! Which one ?

**Annie :** The Big Blue Aquarium. It's brand new.

**Éric :** Oh, really ? Cool. What time do we have to leave ?

**Annie :** Let's leave at 9 :30AM. I want to get there before the opening.

**Éric :** Why do you want to get there so early ?

**Annie :** Because there will be a lot of people there and I don't want to wait in line.

**Éric :** Okay. Do we buy tickets online or at the aquarium ?

**Annie :** You can buy tickets online or at the aquarium, but it's two euros cheaper if you buy them online.

**Éric :** Oh, I see. Let's buy the tickets online then.

*(At the aquarium)*

**Éric :** Where should we go first ?

**Annie :** Let's go see the jellyfish !

**Éric :** Okay ! Jellyfish are so cool. But they're also kind of scary.

**Annie :** I agree. I like to see them in an aquarium. Not in the ocean ! What are we going to see next ?

**Éric :** I want to go see the octopuses.

# 100 : Il neige dehors

**Cassandra :** Je pense qu'il va neiger aujourd'hui.

**Yan :** Vraiment ? Les prévisions météo disaient qu'il y aurait du soleil.

**Cassandra :** La prévision que j'ai vue disait qu'il y avait 30 % de chances qu'il neige.

**Yan :** Tu es sûr ? Tu as regardé la bonne ville ?

**Cassandra :** Euh, je pense que oui ! Je regardais juste l'application météo sur mon téléphone.

**Yan :** C'est bizarre.

**Cassandra :** Tu devrais prendre un manteau, juste au cas où.

**Yan :** Non.

**Cassandra :** Très bien ! Ne dis pas que je ne t'ai pas prévenu !

*(8 heures plus tard...)*

**Cassandra :** Comment s'est passé le travail ?

**Yan :** C'était bien, mais chargé. Je vais aller courir maintenant.

**Cassandra :** Tu devrais te dépêcher ! Les nuages sont de mauvais augure.

**Yan :** Il ne va pas neiger, Cassandra !

**Cassandra :** Hmm, on verra bien.

*(Yan revient 20 minutes plus tard)*

**Cassandra :** Oh mon Dieu, tu es trempé !

**Yan :** Il s'est mis à neiger pendant que je courais !

**Cassandra :** Je t'avais dit qu'il allait neiger !

**Yan :** Tu avais raison. J'aurais dû t'écouter.

**Cassandra :** Maintenant, va mettre des vêtements secs !

# It's snowing outside

**Cassandra :** I think it's going to snow today.

**Yan :** Really ? The weather forecast said it would be sunny.

**Cassandra :** The forecast I saw said there was a 30 percent chance of snow.

**Yan :** Are you sure ? Did you look at the right city ?

**Cassandra :** Uh, I think I did ! I was just looking at the weather app on my phone.

**Yan :** That's weird.

**Cassandra :** You should take a coat, just in case.

**Yan :** No.

**Cassandra** : All right ! Don't say I didn't warn you !

*(8 hours later...)*

**Cassandra** : How was work ?

**Yan** : It was good, but busy. I'm going to go for a run now.

**Cassandra** : You better hurry up ! The clouds are a bad omen.

**Yan** : It's not going to snow, Cassandra !

**Cassandra** : Hmm, we'll see.

*(Yan returns 20 minutes later)*

**Cassandra** : Oh my God, you're soaked !

**Yan** : It started snowing while I was running !

**Cassandra** : I told you it was going to snow !

**Yan** : You were right. I should have listened to you.

**Cassandra** : Now go put on some dry clothes !


# 101 : J'ai changé d'avis


**Mireille :** Kevin, qu'est-ce que tu aimerais faire ?

**Kevin :** Je ne sais pas. Peut-être regarder la télé.

**Mireille :** C'est une bonne idée. On va faire du shopping plus tard, alors je pense que tu devrais te reposer un peu.

**Kevin :** Je crois que je ne veux plus y aller.

**Mireille :** Qu'est-ce que tu veux dire ? Je croyais que tu avais dit qu'on allait faire du shopping.

**Kevin :** Je sais, mais j'ai changé d'avis.

**Mireille :** Pourquoi ? Ça ne te ressemble pas.

**Kevin,** Pour être honnête, je suis trop fatigué.

**Mireille :** Eh bien, j'ai encore beaucoup de choses à acheter. Quand est-ce que tu voudrais y aller

**Kevin :** Peut-être demain.

**Mireille :** Demain ? J'irai aujourd'hui, je n'ai pas envie d'attendre. Si tu veux, on pourra y retourner quand tu auras encore changé d'avis.

**Kevin :** D'accord.

# I changed my mind

**Mireille** : Kevin, what would you like to do ?

**Kevin** : I don't know. Maybe watch TV.

**Mireille** : That's a good idea. We're going shopping later, so I think you should get some rest.

**Kevin** : I don't think I want to go anymore.

**Mireille** : What do you mean ? I thought you said we were going shopping.

**Kevin** : I know, but I changed my mind.

**Mireille** : Why ? This isn't like you.

**Kevin** : To be honest, I'm too tired.

**Mireille** : Well, I still have a lot of things to buy. When would you like to go ?

**Kevin** : Maybe tomorrow.

**Mireille** : Tomorrow ? I'll go today, I don't want to wait. If you want, we can go back when you change your mind again.

**Kevin** : Okay.

# I need your help

That's right, you did it, congratulations ! You just read all the French conversations in this book. You know, many people pick up a book and don't even get past the first chapter...

Fortunately, you are not one of those people, you are persistent and motivated. And that's the same reason you'll become fluent in French quickly.

Just before we leave, I would like to ask you a small favor. This book is the result of hundreds of hours of work (*and many cups of coffee*), so if you liked it, I invite you to leave a little review on Amazon. In 60 seconds, it's done and I'd love to hear your opinion !

Also, by giving your review, this book will be featured on Amazon and other people like you will have the chance to read it. It only takes a few clicks on your part, but these clicks can help many people to learn French... and help me to reach my goal of 100'000 people discovering the French language ! So I'm really counting on you, and I thank you in advance for your comment and your reading.

Prenez soin de vous,
Raphaël Pesquet - *The French Guy*

# ~~$97.00~~ FREE BONUSES

## GRAB YOUR FREE BONUSES NOW

- 7 French Short Stories You'll Want to Read
- 14 Common Mistakes In French Made By Beginners
- 21 Daily French Conversations to Learn French
- BONUS : Your Step-By-Step French Study Plan

Scan the QR code to claim your **free** bonus

*Or*

masterfrenchnow.com/freebonus

# Legal

Made in the USA
Middletown, DE
17 January 2023

22346840R00084